ウィリギス・イェーガー 著

八城《Yashiro》 圀衛《Kunimori》 訳

Jenseits von Gott

「神」の彼方

Willigis Jäger

教友社

目次

はじめに

「神」の彼方なるもの、神

「われわれが用いている〈神〉という言葉がほんとうに意味することはどのようなことか、〈神の実在〉について思い巡らすというようなことは残念だが人口の九〇％の人々にみられない」とカール・ラーナーは語ったことがある。「〈神〉と呼ばれている神のような存在は神ではない」とディートリヒ・ボンヘッファーは書いている。東西世界の架け橋的存在であるベネディクト会士ビード・グリフィス［一九〇六～一九九三、イギリス人、ベネディクト会士、カトリック司祭、永年インドで活躍した著名なキリスト教神秘家］は霊性の道の体験について「日々の日常生活におけるすべての事柄において直接体験できる次元の事柄である」、それは「いかなる呼称をつけようとしても名づけることができない現在、今ここという〈永遠の今〉である瞬間を実存的に生きることである」と言う。「神」という言葉について「神という言葉を用いるにはふさわしい用い方があまりにもなされず、はっきりしなくなってしまい、使い古されてしまっている。神という言葉は神を語るのに全く適さなくなってしまっている」と言う。

東西世界にみられる神秘家たちは外在的対象的存在として観念化している一切の神の考え方から完全に解放されている。十三世紀のハデウェイヒ・フォン・アントウェルペン［一二一〇〜一二六〇、オランダの神秘主義詩人］は次のよう語っている。「われわれが論証的思惟を巡らし、説明できると考える一切の表象、観念、あるいはまた言葉により説明できると思われるような一切の表象、観念的存在のすべては神ではない。神を認識するとは神についてわれわれが知りうる一切の範疇を完全に超越する存在であることを悟ることだからである」と言う。

また七世紀の中国禅宗第三祖鑑智禪師僧璨《そうさん》［随の煬帝の時代、六〇六年入寂］は『信心銘』に次のように言う。「至道は無難、唯棟択《けんじゃく》を嫌う。……真如法界には、他無く自無し、急に相応せんと要せば、唯言う不二と。……信心不二、不二信心。言語道断、去来今に非ず」。［これは『信心銘』の冒頭二句と最終の対句の引用である。冒頭の「至道無難、唯嫌棟択」の句は『信心銘』の真髄であり、すべてを表わしている。信と心とは存在の根源、究極的なものであり、仏道、仏性、自性、真如ともいい、本来絶対的存在である。信とはまこと、まことと心は一つである。それは不二であり、二元的対立の立場により取捨選択することがない。二元対立の分別心、二元的相対的認識を空ずることにより「至道」、最高の真理、仏性、真実の自己は自覚される。相対的認識を断ち切ることにより存在の根源をなしている心が自覚され、仏性、自性は体得される。しかし相対的認識が断ち切られ体得される絶対的存在に正しい名称をつけようとしてもその言葉は的はずれのものになるだろう。「至道」、最高の真理は時間を超越しているからである。終章は「言語道断、非去来今」と結ばれている。『信心銘』は仏教用語を一切使用せず、仏の字を一字も使わず禅の真髄を表わした現代に生きる一級の禅書であり、統合的霊性の道の書といえるだろう」。

ウィリギス・イェーガーはさらに、「二十一世紀の宇宙的調和のとれた壮大な世界を展望するには時代にふさわしいグローバルな霊性が求められている」と言う。十年前、あなたにとって神はどのような存在ですか、という質問に次のように答えている。「神はわれわれ人間の分別的認識、神学的論証的思惟の次元を遙かに超える究極的実在の呼称である。私がいかなる存在であるかということを明らかに示すのは究極的実在である。それゆえに私は神性の根源である究極的実在の顕現である私の人生を賛美し寿ぐのである……究極的実在の顕現である愛について語ろうと思う。愛は宗教宗派の違いによって異なることがないのだから」。

イェーガーが講演において「神」という言葉を用いる場合には、この「神」という言葉の意味することを必ず解説していた。その際彼にとっては究極的実在が問題であったからである。究極的実在は理性を超える意識であり、分析的論理的思考によっては考えられず、時間も空間も超越する限界のない次元である。「神秘主義的体験は理性を超越する体験であり、その体験は理性的な事柄としての範疇に分類されることによって初めて時間的空間的に限定された事柄になるのである」。

ウィリギス・イェーガーの関心事は常に霊的一致体験にあった。人間存在の究極的意義を探求する多くの求道者たちに寄り添い、求道者たちが常に霊的一致体験できるように世話をすることであった。

彼の仕事で常に重要な事柄は、信仰を失ってしまい伝統的信仰箇条に規定された特定の宗教宗派の信仰にもはや共感できなくなっている人々、あるいは人格神信仰を信じることができなくなっている人々の求めに応じて答えることだった。彼が生涯たゆまず努め、寄り添い続けたことは、求道者たちが特定の宗教宗派にとらわれず霊的体験できるようにすることだった。人間存在そのものよりも、特定の制度的宗教の信仰箇条を信ずることよりも遙かに包括的な究極的実在を体験できるようになることにあった。「今日の分裂した世界の状況を考えると究極的実在を体験するという新しい次元に突破し、一歩踏み出すこと以外にわれわれ人類が生き延びることができる見込みは残されていない」と言っていた。

二〇一一年ウィリギス・イェーガーは生涯最後の本を著したいという意向を表明していた。「私の最後の、生涯最後の最後の著書」と彼は強調していた。「その本には私がどうしても言い残しておかなければならないと考えている最も重要な事柄を要約してまとめることになるだろう」と言っていた。師がそのように語ったとき、私はその本に関心があったので彼の抱いている構想とその書物のタイトルを尋ねると、即座に彼は「神の彼方」と答えた。ひょっとしたらその本はあなたの遺書とでもいうべき書物になるのでしょうかという私の質問に笑って否定した。この本の制作過程で、彼が言い残さずにはいられない事柄の要旨をまとめたいと言っていたことを思い、あくまでも故人の意向に添い、彼の遺志をできる限り尊重し、できるだけ彼の願いを叶えようということになった。

本書の制作過程でわれわれは画家ペトラ・ワーグナーを誘い、優れた絵画的感覚により一致体験のプロセスを比喩的に表現してもらうことを思いついた。女流画家としての彼女は内面的世界を表現するためにいろいろな手法を用いて可視化しようとしている。ウィリギス・イェーガーは彼女の新しい力強い道の隠喩的表現の可能性について関心を示していた。隠喩的表現を用いることにより人々の心を動かし、内面的霊性の道を歩む勇気を与えることができるのではと考えていたからである。

イェーガーは本書においてわれわれの知的論証的思惟の範疇にあるものの彼方の根源的活《はたら》き、〈神の彼方〉の究極的実在、「神性の無の活き」を語っている。

ウィリギス・イェーガーと出会い、講習会のコース終了後の求道者たちがいつもなんと喜びにあふれ、明るく輝いていたことか、また別人になったような変わりようがしばしばみられたのである。読者の皆様も多くの人々が体験しているような変容体験の喜びを本書により体験されることを望む者である。

二〇二一年二月

編集責任者　ベアトリス・グリム［ベネディクツスホーフで活躍する神秘家］

序　文

ウィリギス・イェーガー

霊性の道による神秘的一致体験、神を認識する方法はいろいろ考えられるだろう。言語による論証的思惟による概念知に基づいてつくり出されたさまざまな外在的対象的表象について思索を巡らした結果、最終的には一元論的人格神的存在が考えだされることになる。宗教と霊性は同じ次元の事柄ではない。神的なるものの次元について、一般的に人間がつくり出した表象、形相あるものを用いて、知的、心的な概念知を用いて語り論じることに慣れきってしまってい る。しかし知的論証的思惟によるだけではこの神性なるものの次元はごく限定された部分しか理解することができない。このような制約下で考えられている「神」はわれわれ人間にとってもはや根拠のある正当なものとは言えない。一般的に考えられている「神」の遥か彼方に、対象的存在としてつくり出された観念と化した「神」を超越する次元である「究極的実在」、神性の無を神秘的一致体験によって覚知できる可能性が残されているからである。

概念知を基にして対象的、外在的絶対者が観念的に考えられ、つくり出されることにより範疇が設けられ、類比が考えられ、典型が作られることになる。極めて入念に区分され、優先順位が考えられ上位、下位に分類され、それら一切は厳格な判断基準により整理されて、思考の引き出しに入れられる。それを用いて思考を巡らせ、さらに観念的な言葉により対象的存在を考え、神を論証的思惟により認識しようとするのである。しかしこのように論証的思惟により限定された存在として神を認識することは、いわば地図上考えられる認識にすぎない。われわれが現実にこの世を遍歴する実人生の地図とはかけ離れている。このような現状について何ら責任を問うこともなく、長い間われわれはこのような地図上の認識を真実であるかのように思い込んでいた。もしも進化の過程がごく僅か異なっていたならば、われわれの体験と認識の仕組みは全く異なっていただろう。

霊性の道に徹底的に自己を投入すれば、それまで信じられてきた論証的思惟によりつくり出され、観念化された神の表象や人生の解釈の仕方が崩壊する瞬間が突然起こることがしばしばみられるのである。守るべき教理として立てられていたことが無意味なむなしいものに思われるのである。確立していると思われていたこの世についての確信も無に帰すように思われてくる。愛する父なる神や菩提薩埵の像を頼りに一途にすがる想いも消滅してしまう。ひたすらしがみつきさえすればよかったいずれの宗教の救済者たちももはや存在しなくなる。何とかしてしがみつこうとしてももはやしがみつく者は存在しない。孤立無援の寂しさに陥り、神も仏もあるものかというどん底まで陥ることになるだろう。このような体験を神秘主義では「魂の暗夜」と呼んでいる。この重大な不安と不安定な危機的精神状態にあるなかで自分の人生の新しい意義を探求しようとする者は少なくない。

数多くの宗教のなかには偶像崇拝がみられるが、対象的存在の神像を崇拝の対象とすることよりも望ましくない傾向といえば、さまざまな抽象的概念による論証的思惟によってつくり出され、観念と化した神となって人の心に宿る無形の偶像を崇拝の対象とすることである。宗教はこのような精神的エゴイズムによって曲げられる危険を自覚しているので神に関するいかなる偶像も崇拝することがないよう、また特定の人物を偶像として崇拝の対象とすることがないように勧告するのである。

私は究極的実在をマイスター・エックハルトの流れをくむ神秘家たちが「神性」と呼んでいる存在と理解している。究極的実在は理性によっては把握することも論証的思惟によって観念化することもできない。究極的実在は全体であると同時にプロセスであり、常に変化し続けているからである。究極的実在は結局、一切のものに何かあるものとして内在し、活《はたら》きとして展開しているすべてのものの形相因と考えられる。宇宙森羅万象の営みにみられる普遍的根本原理それ自体の絶え間ない活きの展開なのである。それゆえこの究極的実在を外界にある客体のように知的思考の対象として論証的思惟によって把握することは誰にもできないが、内面的に一切の事柄を根源的包括的に体験することにより究極的実在を覚知できるのである。一切の分別知と一切の感覚的印象の世界も完全に超越してしまい、一切の疑念は解消し、いささかの疑念を抱く余地もない境地に一挙に到達できる体験の世界がある。個的なことを超越する境地に到達できれば万人に備わっている本来有している内在的に超越する根源との関係性のうちに生きることができるのである。このことは自分の属する宗派を離脱しなければならないということではない。だがしかしその場合に自らの信じている宗教的信条は新たに解釈し直されることになるだろう。

このような包括的存在体験する霊性の道を歩み始めようとする求道者たちに寄り添い、助言し、助力を惜しまず、同伴することが私に課せられた最も重要な使命と考えている。

数十億の渦状星雲よりなるこの宇宙のなかに生きる私は一体何者なのか。
この時間を超越する宇宙森羅万象の営みのなかに生きる
僅か数十年にすぎないこの人生を一体どのように生きれば良いのだろうか。
一切のものを生成している根源の顕現であるこの自分は
一回限りの、比類のない存在であり、
「空」、「神性」と呼びうるような大海に
波立つては消え去る波のような存在である。

1　人類の置かれている位置

人間存在を定義する出発点として、誇らしげに「ホモ・サピエンス」と称している人科人属ヒトという種であるわれわれは現在その置かれている立場を再確認し、あらためてその使命と課題を確認する必要性に迫られている。

ごく新しい発見によればおよそ三〇〇〇億の星よりなる銀河系宇宙に七〇〇〇の特別な太陽のような星が存在し、それらの惑星には地球と同じような類似した、あるいは全く異なる生存条件が考えられるが、この地球上の存在者と同じような動植物が存在する可能性が考えられると言われている。宇宙大爆発ビッグバン理論によれば、宇宙はおよそ一四〇億年前頃には存在していたといわれている。一二万年前にようやくヒトというわれわれの種が誕生したといわれる。星雲が発生しては消滅している宇宙において原生動物の繊毛の揺れがあった。原生動物の繊毛の揺れ以前に人間が存在していなくとも誰も困る者はいなかった。そしていつの日かわれわれ人間はこの地球上から姿を消すかもしれない。しかし誰も人間が存在しなくても困ることはないだろう。

宇宙の端にあるこの小さな惑星上に生きる人間の存在意義はどのようなことにあるのかという問題を人々はますます考え込まざるを得ないのである。この小惑星上に津波を起こし、地震を起こし、この小惑星にすむ多くの人々の生命を突然奪い去るのは一体何者の仕業によるのだろうか、それとも何かある特異な事柄に原因があるのだろうか。それとももどこかに鎮座ましまし、この宇宙森羅万象を絶対的に支配している神のような存在が考えられるとでもいうのだろうか。このような地球上に起こるさまざまな出来事との関連を考えようとする時、これらの出来事はキリスト教二〇〇〇年間、仏教二五〇〇年間の歴史のなかで一体どのように考えられるのだろうか。キリストあるいは仏陀の存在はこれらさまざまな出来事を考える時、一体どのように考えられるのだろうか。

これらの問題について私の考えを述べたいと思う。

もしもあなたが神秘主義的一致体験する境地に到達するならば、その次元では仏教徒、ヒンドゥー教徒、イスラム教徒、ユダヤ教徒、キリスト教徒という宗教宗派による区別は存在しない。アジア人、ヨーロッパ人、アメリカ人、アフリカ人という民族や国籍による差別もそこには存在しない。

宗教宗派的区分、人種的、民族的差別など一切の事柄を超えて人間存在の意義を確認し、根源的に意義づけできるのはこの「一なるもの」の次元においてのみである。

言うならば諸宗教は本来この唯一の「一なるもの」の次元に人々を導くべきものだろう。

われわれは種ホモ・サピエンスとしてその資質と今後の在り方が問われている。われわれは観念的に作り上げられている世界像にあまりにも執着し依存しすぎている。合理主義的なものの見方の背後、人間の心の奥にある内在的超越的次元に目を向ける必要がある。さらには霊性の道それ自体にみられるすべての特異な現象（超心理学的体験や能力、超常現象）の背景にも注目する必要がある。時代に相応した「非二元的」次元のみが重要だからである。全く突然われわれは真正の本性である計り知れない空である絶対無限無相の根源、究極的実在に突破することが起こり得るからである。そこにはもはや時間は存在しない、その時われわれは誕生したのでもなければ、また決して死ぬこともない存在であることを理解するのである。われわれの真正の本性というのはこのような時間を超越する究極的実在なのである。究極的実在への突破は自我の支配から完全に解放された認識、没我の状態である。このような開悟体験の境涯に到達すると、突然大笑いし始めることがあると言われている。開悟した人たちは人間存在の本質と存在の神秘を体験するからである。この究極的実在に名前をつけようとしても、この存在には呼称がない。無名無相である。それは非二元性、言い換えれば分けることができない「一なるもの」の次元だからである。この一なるものが自分の真正の本性であることを体得した者にとっては、二元性は存在しない、私とあなたという関係性も存在しない。存在するのはこの

「一なるもの」のみである。存在する一切の事柄との一致と連帯を永遠の今である瞬間に体験するのである。「無」を体験するのである。「無」は何もないことではなく、一切の事柄がそこから立ち上る充溢、生成の根源である。この次元を「神」と呼ぶことができるだろう。しかしこの場合、この次元を「神」という言葉により表現するとしても人格神や外在的に対象化されている存在、観念と化している「神」とは全く無関係である。この次元は一切の事柄が生成されて流出する根源である「空」のことだからである。「無」は深みの次元における根源的存在を体験することにおいてしか覚知されないとしても、神性の無の活きである「究極的実在」は存在するのである。

われわれの真正の本性である根源は活力に満ちた力動性そのものである。
この根源の活きを日々の生活において、日常のこととして生きることがわれわれの課題である。

われわれが人生の無意味さや無益感から逃れる術は深みの次元における根源である究極的実在との一致を体験することにより真の自己に覚醒すること以外に道はない。なぜならば究極的実在との一致を体験することによってわれわれは苦悩に満ちたさまざまな体験の意味を深みの次元によって理解できると同時にわれわれが共に果たさなければならない社会的責任を果たすこともできるようになるからである。

意識は波立つ大海に照り輝く
太陽のようである。
しかし風が吹いたならば
照り輝いていた太陽の映像は波間に消え失せてしまう。
一つの太陽に代わって何百万という「小さな太陽たち」が出現する、
大きな太陽の姿は押しのけられてしまう。
「小さな太陽たち」のすべては一つの太陽を映し出すことになる。
このような現象を知っている者は自分の知的意識の働きが制約されることがないように
心がけるのである。

われわれはこの宇宙森羅万象のすべてのものと同じように「空」、「無」から生成されたのである。無はわれわれの真正の本質である根源であり、論証的合理的思惟によっては把握できない。

2　人類の起源

六億五〇〇〇万年前の海に「ピカイア」(Picaia) と呼ばれている原始的脊索系動物が棲息していた。この虫が地球上脊柱のある最初の生き物である。水中においても陸地においても脊柱のあるすべての生き物はこの虫から発展したということがわかっている。恐竜類が死滅しなかったならば、恐らくわれわれホモ・サピエンスは生き残れなかっただろう。われわれは偶然生き延びた生き物ではないだろうか。生き物の発展は水中の爬虫類から霊長類へと進行している。この霊長類からおよそ三〇〇万年以内に現在の人科人属人ホモ・サピエンスは発展した。

地殻の変動とそれに伴って起こった東アフリカの地溝の陥没によって東アフリカは荒野と化した。ヒト科の動物の前身であるわれわれの先祖たちは食料がなくなってしまったので、樹上生活を断念せざるを得なくなった。このようなことによって現在あるような人間化は始まったのである。地殻の変動により荒野になるという新しい変化が生じたことにより明らかにヒトの精神は活気づけられた。それによってわれわれの種はさらに発展した。初めに呪術のような宗教意識、さらに神話化した意識、後に今日のような知的意識を有する存在に発展した［ジャン・ゲブゼル、一九〇五～一九七三、ドイツ人哲学者、詩人］。しかしさらに意識は発展して、意識は時代が進むにしたがって神学的論証的思惟による人格神論によって人間存在を解釈するようになった。しかしさらに発展してやがて近い将来には特定の宗派による信仰箇条の解釈をも超越する神秘主義的一致体験を目指す神秘主義の時代を迎えることになるだろう。現在行われているような昔ながらの教条主義的解釈をしているだけではもはや現代に生きる人間存在の意義の問題に答えることが期待できないからである。

ありとあらゆるすべてのものは常に変化している。
いのちはこの移り変わりを絶え間なくはっきり示している。
春には木々は花咲き、秋になれば葉は枯れ落ちる、春夏秋冬季節は巡る、
枯れ落ちたものから新しいいのちが開花する。
死ぬことがなければ新しいいのちは誕生しないだろう。
このように絶えず変化し続けているということは
まさにいのちの活きの奇跡である。

特定宗教宗派の組織的信仰に属して生きることは囚われの身になるようなことと言えるかもしれない。しかしまた特定宗派の信仰によって神の像やその他の伝統的宗教的考え方を超越する一致体験の次元に導かれることがあるかもしれない。

われわれは「前意識の段階である楽園」から追放されてしまった。全き人間になり、真のいのちに生きることを本来目指さなければならない。だがしかし自我に目覚めた人類は残念ながら人類に破滅をもたらすことになった悲劇的自我中心主義に徹することによってこれまで発展してきたのである。ノルウェー科学アカデミーの算出によれば、西暦紀元前三六〇〇年以来総計一四五一三回戦争が起こっている。それらの戦争による死者の総計は三〇億六四〇〇万人である。およそこの五六〇〇年の間に戦争が行われていないのは僅か二九二年にすぎないという。ホモ・サピエンスと称しているわれわれが陥っているこのような悲惨極まりない現在の状況から脱出するには、現実の生活よりも包括的な深みの次元における一致体験をする道を辿ることが求められるだろう。

このような現代社会に将来変革がもたらされるとするならば、それは人間とは何者で、いかなる存在なのか、この宇宙森羅万象は実際いかなる存在なのかということを究極的実在の体験により根源的に理解する人々によって変革が実現されるに違いない。このようなことが現実に実現される場合にしか、われわれは戦争によって互いに殺しあうのを止めることも、ホモ・サピエンスの没落を救出することもできないだろう。創造は終わることがない。創造は絶えず新たに「永遠の今」であるこの瞬間の出来事として生成し続けている。われわれもまた被造物である。人類の将来はわれわれ個々の一人ひとりの行動にかかっている。したがってわれわれがこの自我中心主義によりすべての事柄を自分のものとして囲い込み、私のものであると限定する生き方を改める以外にどのような方法が考えられるのだろうか。東西世界の神秘主義において伝えられている意義深い修練の道、霊性の道を実践することによりわれわれは一致、共存、愛という人間本来の真正の本性に開かれるだろう。われわれはこのように新しく開かれる道によりホモ・サピエンスとして生き延びることができるだろう。

世界の根底的基盤は物質ではなく、非二元的根源にある。
理性に基づく論証的思惟による表象や比喩的表現だけでは
この非二元的根源である究極的実在を説明することはできない。
真のいのちであるこの時間を超越する根源がしばしの間
形相として顕現しているのがわれわれである。
根源はしばしの間、今を生きる人間の姿により顕現しているのである。
自分自身がこのような存在であることを理解できるならば、
われわれは自分をそれまでとは違う見方で捉えることができるだろう。
自らの行動も他者との在り方もそれまでとは変わるだろう。

3　物質は単なる物質ではない

物質はゆっくりと霊の活きが滲みでてきているような存在であると量子物理学はいう。人間の本性の基盤は物質的なものにあるのではなく、合理的には把握できない活力に満ちた根源にある。「物質というものが存在するのではではなく、存在するものは形相あるものを生成する活きが目に見えるような形になった組織体にすぎない」〔ルイ・ド・ブロイ、一八九二〜一九八七、フランスの理論物理学者〕。現実は事物の存在する単なる物質的世界ではない。現代の数多くの研究者たちは霊性と科学の一致を明らかに表明している。科学は世界宇宙森羅万象の現実の姿を限定的に明らかにしているにすぎず、科学的知的活動は人間味のない道具としての役割を有する存在にすぎないことを科学者たちは認識している。われわれは世界について極めて限定された考え方をしているのである。「主観と客観、内面世界と外部の世界、肉体と霊魂のように一般的に行われているすべてを二分割する二元的思考はもはや時代にふさわしい考え方とは言えないと思う」とウェルナー・ハイゼンベルクは言う。また「宇宙森羅万象は包括的意味で内面的に関連している。すべての部分は量子力学的次元においては互いに関連があり、離れがたく結びついている」とマックス・プランクは言う。彼によれば一切のものを動かし、結びつけて総括している根源的な力の活きの存在が考えられるという。原子核もまた根源的な活きによって光量子が振動しているにすぎないのである。この光量子の振動の奥には科学的には理解できない究極的実在の活きが考えられるのである。したがってこの現実世界の根底は物質的に考えられることにあるのではなく、われわれの人格を作り出すと同時に超越する活力溢れる根源的力動性にあるのである。

世界はわれわれが見たり、聞いたり、知的に理解している様相とは異なっている。
世界はわれわれの五感や知性によって作り上げられているものではない。
人間の意識によって世界像は作られるが、それは絶対的世界像ではない。
もしも他の惑星に生きる人間が世界像を考えるとするならば、
その人々はわれわれと異なる世界像を作り上げるのは間違いないだろう。

「知るに値するすべてのことはただ熟考することによって見いだし得るという確信は間違った思い込みであり、また外見上現実に存在しているかのように思われる物は実は現実ではないと考えるのは単純素朴な実在論である」とアルベルト・アインシュタインは言う。諸々の学問、科学的知識はそれぞれ重要な意義があるにもかかわらず人生の究極的意義については言及することができない。理性的には把握できない存在の深みの次元を取り入れることができない者は人間と宇宙森羅万象の本質について十分に説明することはできないだろう。哲学的にどのように解釈しようとしても納得させることはできないだろう。われわれが探し求める根源、究極的実在は自我の構造の遥か彼方、奥にあるからである。われわれは時間を超越するわれわれ自身の真正の本性である究極的実在と個人的につながりを持つことが必要なのである。脳を科学的に研究しても人間の真正の本性は決して見いだせないだろう。脳の研究は、詩の文句を見てはいるがしかしただ詩文を前にしてその文字を辿るのみでその詩の意味を全く理解できない人のようである。詩について知識のない人は詩の内容を何も理解することができない。常に脳を研究するということは脳と脳の働き、その機能の研究に限られているからである、いかなる脳の機能をも超越する非二元的体験の次元を究明することは脳科学にはできない。ハンス－ペータ・ドユル［一九二九～二〇一四、ドイツの核物理学者］によれば、この非二元的体験は脳機能の有する機能的反応として科学的に論証し説明することは難しい。しかし非二元的体験は繰り返し反復することにより新たに形が整えられ、具体化することができるという脳機能の本来有する潜在的能力の働きによって実行されるのである。

われわれは知的能力、合理的思惟をひたすら重要視して優先的に取り扱ってきた結果、深みの次元における認識能力を低下させ、萎縮させてしまったばかりか、全く発展させてこなかったのである。われわれはわれわれが何者であるのかということを決してただ合理的、自然科学的に考えるだけでは全人的に決定的に理解することはできないだろう。どのように言葉を尽くして説明するにしても暗示する段階に留まるだろう。

宇宙森羅万象は五感により思わせられているのとは全く異なるものである。

日常の意識によって客観的世界を説明することはできない。

実際には色も、音も、匂いも、温度も、味も存在しない無名無色の世界だから。

われわれは常に催眠状態にかけられたような状態にいる。

東洋人は日常の意識の世界を「マーヤー（幻影）」と呼んでいる。

なぜわれわれは真正の本質とこれほど遠く離れてしまっているのだろうか。

なぜわれわれは薄明の時に道に投げ棄てられた綱を蛇と見間違うのだろうか。

綱に当たるブラフマン［ヒンドゥー教の宇宙の根本原理、力］に対して無明のために誤って蛇が実在するかのように見えているにすぎない。実在するのはブラフマンのみである。原形とは著しく変容し、歪んではいるがブラフマンなのだ。

このことについて納得できる知的な説明と言えるような答えはない。

4　究極的実在

究極的実在、それは絶対永遠無相の非二元的次元である。神秘主義においては「久遠の叡智(Sophia Perennis)」という考え方がある。叡智は知識とは何ら関わりない、一切の知的分別心、合理的思惟の奥に考えられる次元、究極的実在のことである。究極的実在は「空（Leerheit)」という考え方が最もふさわしいと言えるだろう、しかしこの「空」という考え方を理性的に何もない空虚とか虚無の意に解してはならない。「充溢」、「充実」をもたらすものだからである。空はわれわれ人間存在の意味が明らかになる次元、絶対永遠無相の究極的実在のことだからである。この究極的実在が顕現することによってわれわれは今、ここという「永遠の今」、今が今自体を限定する瞬間において究極的実在、神性の無に触れることになる。われわれはこの瞬間にちり粒のような儚い存在にすぎないことを知るのであるが、しかし同時にまた時間を超越する究極的実在の顕現である神秘的存在であることも理解できるのである。

キリスト教神秘主義、禅、ヨーガの道、スーフィズム等に見られる伝統的な考え方はそれぞれ神性、絶対無、空について注意を喚起している、そして内界と外界、主観と客観は決して分離されるる存在ではないという。探し求めている者は探し求められている者であることは明らかである。禅における「空」(Leerheit)、十字架のヨハネのいう「無」(Nada)、『不知の雲』における「無」(Nichts) の間には考え方に決定的相違と言えるような違いはないように思われる。人間がこれらの道においてなしうる究極的実在の体験は「今ここ」という永遠の今、この瞬間においてのことである、これは抽象的概念としての話ではない。われわれが今まさに歩いているその足の運び、今聞こえてくるその物音、舌で味わっているその味、考えている思考のプロセスにおいてすら、「究極的実在」ははっきり顕現している。間違いなく臨在しているのである。

「一なるもの」は私の真正の本性であり、
生きとし生けるものの本性である。
「一なるもの」は時間を超越するが、同時に時間の中で展開する。
「一なるもの」は私の誕生時に生じたのでもなければ、
私の死によって消滅することもない。
この「一なるもの」は一切の事柄の根源だからである。

「空」を体験することにより消滅してしまっていたはずの自我が再び生活の中心に戻るようなことが起こり得るならば、禅において言われている「大いなる空」に対して人々は不安を抱くことがあるかもしれない。しかし空はすべての人間と生きとし生けるものに対して畏敬の念をもって実存的に連帯する謙虚な愛の活きである。このような愛の活きにより私個人、自身のものだとしてあらゆるものを限定して所有しようとする自我中心の考え方から脱出することができるだろう。自我中心から脱する愛は「私はあなたを愛している」「あなたは私を愛している」という人間相互間の個人的愛の関係性ではなく、誰のことも除外することのない、人間としての実存的連帯に基づく愛である。このような愛の活きは運動と休息、内在と超越の一致を体得させる。このような一致体験による普遍的愛の在り方は神経生物学的研究によって実証されているように脳の構造的働きにも生理的変化をもたらすのである。

自我はわれわれが実際何者であるかを告げ知らせることができない。
それゆえ、自分が間違いなく見つけられたという体験をするまで
われわれは自分を探し求めるのである。
われわれは探し求める者ではなく、探し求められる存在である。
自分の幸せをこの世のどこかにあるのではないかと探し求めて
父親に別れを告げて家を出たあの放蕩息子のようである。
この世のどこにも自分の幸せがないことを息子はわかった。
息子は自分の本然の姿である父親の所に戻って来る。
息子は再び我が家に心より迎え受け入れられる。
靴を履かせ、きちんとした服装を整えられ、
指には指輪をはめられた。
祝宴が催される、息子は自分の本性に気づいたのだから
ようやく息子は以後の人生を再び出直すことができる。
彼にとってこの世はそれまでとは異なる世界になったのだから。

5　自我の世界

日常の意識ではわれわれは、実際に直接耳で聞き、手で触れ、目で見て、舌で味わい、鼻で匂いを嗅いで見極められることができる現実と切り離されて、意識として受け止めて生きている。自我は現実とは異なる別のものを考えているのである。われわれは現実を常に他のものと別々に区分けし、考えている。この世も主観と客観に分けて考えようとする。神のごとき存在もわれわれを守り、救済し、あるいは罰する権力のある外在的対象的表象として人格化された存在がつくり出されるのである。自我と言われているものは限定された感覚器官によって対象を把握することにより生活のすべての事柄を意味づける道具にすぎない。言うならば次のように言わざるをえないだろう、「私には自我意識がある」がしかし「自我がそのまま私自身である」ということではない。一切の責任を担いうる自己が自分の存在の本性だからである。自我をわれわれ自身の有するものと考えるのは間違った思い込みであり、幻想であると神経学者は言う。自我のことを「エゴ・トンネル」と哲学者トーマス・メッツィンガー［一九五八〜、ドイツ人哲学者、邦訳に『エゴ・トンネル、心の科学と私という謎』岩波書店、二〇一五がある］は言う。確固とした自我の実在を否定する。

自我と言われているものは幼い頃からのさまざまな印象、体験、経験などの蓄積を基にした情報によって作り上げられ成長発展した意識である。私たちはエゴ・トンネルから抜け出ることができない。人間はトンネルと共に生き、考え、行動する。自我はトンネルであり自我と言えるものは何もない。しかしそのような自我はむしろわれわれの真正の本性を覆い隠している仮面と言わざるを得ないような存在である。われわれは神秘主義の道によってこの仮面の裏側をのぞき込み、われわれが実際どのような存在であるかを理解できるのである。

人格を陶冶し展開し、知性を磨き鍛え、感性を育て、職務を果たし、日常の暮らしを立て、社会的義務やリスク、さまざまな関係性の中で生きることが重要であることは言うまでもない。

自我意識は幻影のような存在である、
幻影そのものは自我意識から生み出されるのである。

人間になるためには確固とした自我の存在が必要だろう。しかしわれわれの有している自我をわれわれの真正の本性であると考えるならば誤りである。われわれの有している自我は死によって消滅するだろう。死後にそのまま残り続くものは自我を生成したいのちである。それゆえわれわれ自身と自我と同一視すべきではないだろう。自我の果たす役割は現実の生活から真正の本性に目覚め、自我を抑制して生きるということだけであることを理解すべきだろう。自我はさまざまな願望、計画、希望や期待外れなど多くの事柄に直面する。自我はその本性から考えると社会的に孤立する傾向がある。自我はわれわれ自身であるかのようにまことしやかに振る舞うが、それは本来あるべきわれわれの姿ではない。自我は自我本来の信頼性を発展させ、発揮すること、創造的であることが重要である。しかし自我はあくまでもわれわれの真正の本性である根源がその役割を果たすための単なる道具にすぎないことを理解しておく必要がある。自我を排除することあるいは制圧することが重要なのではなく、自我の出すぎた振る舞いをたしなめ、抑制し、分を弁えるように制御することである。同時に自我には当然あたえられている重要な役割がある。自我は究極的実在の活きを実現するために「中心的役割」を果たすからである。しかしわれわれが人間存在として次の段階にとるべき究極的に最重要な行動として求められるのは、われわれが自我による制約から完全に離脱して、無我になって人間存在を包括的、根源的に理解することである。

原罪、罪、悔い改め、死と審判についての話があまりにも多すぎる、
そして復活、今ここ、永遠の今の瞬間を生きることを
賛美する言葉があまりにも少なすぎる。
教会の十字架の道行きは埋葬で終わっている。
墓地の墓石には復活といのちの継続を表す
象徴はほとんど見られない。

心の最奥底における祈りとは
われわれの真正の本性との一致を体験することである。

6　宗教の三類型

宗教には三つの類型が考えられる。フリードリヒ・フォン・ヒューゲル〔一八五二～一九二五、オーストリアの神学者〕はこの三形態を組織的に制度化される形態、知的論証的思惟が重視される形態、神秘主義的体験重視の形態と呼んでいる。この場合これらの三形態のなかのいずれかの形態だけを特別に評価してはならない。またシンクレティズムは問題にならない。いずれの宗派も互いにそれぞれ存続することが許されている。しかし神秘主義的体験は本来いずれの宗教においてもその根源にみられるにもかかわらず、残念ながら人格神論的宗教では神秘主義を極力排除しようとする傾向がある。

1　組織制度の確立

神は創造主であり、実権のある強力な支配者と考えられる。このような支配者の意のままに従うことが重要視される。神は善悪を判定する、人々は神に賛美と感謝を献げ、嘆願する。神は罪深い人類に助けと救い主を贈る。態度よろしき場合には天国へゆくこと、あるいは良き生まれ変わりの報いが与えられるが、態度悪しき場合には懲罰をうける、あるいは地獄に落ちると言って脅かされるのである。

しかしまた、この制度化される次元の宗教によって人々は心のよりどころが与えられ、生き方が方向づけされることにより宗派の構成員であるという連帯感に基づいた共同体の意識を形成することもあるだろう。

2　知的論証的思惟活動の重視

神学、形而上学、神義論、哲学によってこの時間を超越する宇宙森羅万象における人間存在の意義を解明しようとする。これらの知的論証的思惟活動は言葉によってのみ注意を喚起する真理への道先案内人と言えるだろう。人間には宗教を理解するための知的思考能力が与えられているからである。ただしこの知性による理解力は自我の積極的活動の範囲内のことであり限定的である。究極的実在について個人の見解として理性的知的に理解できる範囲内の事柄として限定的に論証することは十分できるだろう。この段階の宗教の在り方は正当ではあるが、しかしこの段階にあると考えられる宗教は究極的に満足できるとは言えない。人間存在を知的論証的思惟によるだけでは根源的に解明することはできないからである。

3　神秘主義的体験の重視

神秘主義的宗教においては自我の積極的活動は抑制され鎮静化させられる。自我は沈黙させられる、それによって神秘主義が「真正の本性」と呼んでいるものを心の中に浮かび上がらせることができるからである。この「真正の本性」をイエスは「神の国」と呼んでいる。「神の国はあなたがたの心の中にある」とイエスは言う。「あなたは生まれ変わらなければならない」とイエスはニコデモに向かって言う。われわれは知的論証的思惟によっては把握できない事柄を理解するため、現在生きているこの人生において「第二の誕生」を迎えるには究極的実在を体験する必要があるということである。

無（Nada）、神との神秘的一致（Unio mystica）、神性（Gottheit）、ブラフマン（Brahman）、空（Leerheit）、これらはいずれも非二元的究極的実在を表す呼称である。究極的実在を体験することによって全く異なる新しい認識の深みの次元、完全に新しい世界の見方の存在に開かれるのである。われわれは真正の超越的本性である深みの次元の根源を希求する精神構造を有する存在である。諸々の聖典、宗教上の儀式、宗教はいずれも月を指さす「指月の指」にすぎない、月そのものではない。すべての宗教の合一や併合は問題にならない。いずれの宗教もその本来の使命は、われわれ人間存在の故郷であるこの非二元的次元の体験に導くこと、「一なるもの」、究極的実在に始原回帰することにあることを理解すべきだろう。究極的実在はわれわれ人間存在を根源的に意味づけることができる次元だからである。われわれはこの根源である究極的実在の顕現である今ここという瞬間、永遠の今を生きるのである。

宇宙森羅万象は根源的現実と言えるようなダンスを踊っている。
自我の眼にはカオスのように思われる事柄であっても、
それは神と呼ばれている宇宙森羅万象の根源の踊りなのである。
われわれは誕生と消滅を繰り返しながら目まぐるしく変化する宇宙森羅万象というダンスのステップを踏んでいる、
同時に宇宙森羅万象の営み全般を共に担っている存在なのでもある。

7 「永遠の今」を生きる

宇宙森羅万象のなかでわれわれが生きることの意味は何かという問いに対して時代にふさわしい答えが求められている。二〇〇〇年前にわれわれを導き、裁くために子をこの世に送られた神のような存在はわれわれが生きている現代、時間を超越するこの宇宙森羅万象のどこにも見当たらない。イエスの存在についての解釈の仕方も変わる必要がある。イエスはニコデモに来世のことを指示しなかった。イエスがニコデモに求めたのは、今ここ、永遠の今であるこの瞬間を生きることにより実際彼自身が何者であるのかを理解することである。イエスがニコデモに向かって「お前は生まれ変わらなければならない」と言ったのである。われわれは自我に束縛され支配されている生き方に打ち克つ必要があるということである。今日、世界と人間についての理解の仕方が根本的に変化しているのだから、当然宗教そのものの説明の仕方も変わらざるを得ない。宗教はわれわれの人生について現代にふさわしい生き方を示す必要がある。神秘主義と禅が目指しているのはこのことである。

神秘家十字架のヨハネは彼の詩のなかでこの神秘的次元を証言している。「私は入っていったが、どこにいるのかわからなかった。わからぬままそこに留まっていた。完全にわれわれの知的分別心の範囲を超えている。入っていった所が私にはわからなかった。だがしかし居続けている場所がどこであるのかわからなかったが、そこにいることに気づいた時、偉大な出来事であることを耳にしてわかったのである。私が聞き知ったことを私は言葉で表現することができないが、わからぬまま留まっていた。完全にわれわれが知的に表現できる範疇を超えている」。彼はここで空について語っている。しかしここで語られている空は空とは言えない。空は理性的に言葉により表現することができない次元だからである。空はいかなる知的判断力、分別心も特定宗派の教条も、さらにはどのような類いの幻視や亡我恍惚の超常体験であっても完全にそれらの事柄を超越しているからである。

復活するということは将来に起こることではない。
復活は今ここ、この瞬間の出来事である。
われわれは永遠のいのちを祝う。
永遠のいのちは今、ここという、この瞬間に顕現して
今在るわれわれという形相そのものとして祝われるのである。
此岸のことでもなければ彼岸のことでもない。
存在するのは、今、ここという、「永遠の今」というこの瞬間のみである。

「私の国はこの世のものではない」とイエスは言う（ヨハネ18・36）。ここで言われている私の国はある特定の場所として限定された国のことではない、イエスが「神の国」と呼んでいるのは全く次元を異にする国のことである。イエスはサマリアの泉のほとりで婦人に言われた。「婦人よ、私を信じなさい。あなたがたが、この山でもエルサレムでもない所で、父を礼拝する時が来る。あなたがたは知らないものを礼拝しているが、私は知っているものを礼拝している。救いはユダヤ人から来るからだ。しかし、まことの礼拝をする者たちが、霊と真理をもって父を礼拝する時が来る。今がその時である。神は霊である。だから神を礼拝する者は霊と真理をもって礼拝しなければならない」（ヨハネ4・21）。

キリスト教的神秘主義はこの体験の次元を「キリストの意識」と呼んでいる。タボル山頂におけるイエスの変容の後さらにもう一度この啓示体験であることが明らかにされる。イエスはタボル山を下山して全く現実的な生活に入った。イエスはエルサレムへ行き、逮捕され、磔刑に処せられた。イエス・キリストのような人間、釈迦牟尼仏陀のような人間は同じように今、ここという瞬間、永遠の今を深みの次元において一致体験することへの道を示したのである。死後に天国に入ることでもなければ、涅槃の境地にはいることでもない。

真の神秘主義は現世の事柄に対して肯定的である。
真の神秘主義は社会と人間だけを是認するのではなく
その時代の出来事のプロセスも是認する。
男女を問わず神秘家たちは、
一切の事柄が時間を超越する「一なるもの」である究極的実在の
顕現した形相であることを知っているからである。

8　キリスト教神秘家の言葉

アビラの聖女テレサの著書『霊魂の城』のなかに次のような文章がある。「霊的結婚では、あたかも水が天から川に、あるいは泉に落ちてくるように、すべては同じ水になってしまい、川から流れてきた水と天から落ちてきた水とを分けることも離すこともできません。また海に注がれた小さな川のように、もう海から分かれることができません。あるいは二つの窓から室内に射し込む強い光のように、入るときは別々でも、両方のすべての光は一つの光になってしまいます」。

マルグリット・ポレート〔一二五〇～一三一〇、神学者〕は一三一〇年異端宣告を受けパリで火炙りの刑に処せられた。信仰上誤った見解と異端的教説が数多くみられる書物を著述したということが咎められた理由である。彼女は書物のなかで神と人間、超越と内在、上位と下位の間に考えられる分離を完全に止揚する愛について語っている。「思考することは私にとってもはや問題ではない、著述も講話も重要なこととは考えられない。私はどのような知的分別心も失ってしまうほど強い愛に心を奪われてしまったからである」。

シエナのカタリナ〔一三四七～一三六〇、イタリア人ドミニコ会修道女〕は自分の体験を次のように表現している。「私の存在は神である、単に参与としての神ではなく、私の存在は完全に神に変容させられたからである。私そのものを神に変容させたのは神なのである」。

ノーリッジのジュリアナ〔一三四二～一四一三年以降、イギリス人の神秘家〕はこの体験の次元を次のような言葉で表現している。「見よ、私は神である。見よ、私はすべての事柄にいる。見よ、私はすべての事柄において活いているのだ」。

神秘主義は亡我、恍惚の体験、精神の高揚、超常的心理状態など
その他さまざまな特異な心的超常現象に見られるようなことではない。
神秘主義は人間存在を根源的に生きること、
永遠の今であるこの瞬間を実存的に生きることである。
その時、日常的事柄は全く異なる事柄として体験されるだろう。
次のような言葉が見られる。
「なんと不思議なことか、私は薪を割っている、私は水を運んでいる」
さらにトマス福音書には次のような言葉もある、
「木を割りなさい、私はそこにいる。
石を持ち上げなさい、あなたがたはそこに私を見つけるだろう」

ハデウェイヒ・フォン・アントウェルペン［生没年不詳、一二二〇～一二四〇年頃に活躍したネーデルランドの神秘主義的詩人］は言う。「神の御心と何も異なることがない心になり、心が打ち砕かれて、神に吸収されて無に帰してしまえば、心は神と共に神の存在と完全に同じ存在になるのです」。

私にとって神秘主義の道は子供の頃祈っていたロザリオの祈りと変わらない。ロザリオの祈りでは今も昔も、個々の言葉の意味が重要であるというよりは、「変化のない単調な口調で祈祷文を唱えること」自体が重要なのである。主の祈りを唱えるのと変わらず単調な祈祷文を唱えることによって、私は非二元的究極的実在の次元を体験することができたのである。今まで繰り返し人々が私に話したことは、このような単調な祈祷の決まり文句を唱えることによって非二元的次元を体験することができるということである。非二元的次元を体験するために唱えられる祈りの文句やその言葉の意味内容はことさら重要な問題ではない。

すべての宗教の精髄を
それぞれの宗教の源泉とも言える神秘主義的体験に見ることができる。
東西世界の神秘主義は
既存の宗教宗派の枠を超越する。
「神」を超える彼方にある究極的至高の実在を体験するのである。

9　禅の言葉

禅はキリスト教神秘家と同様にこの非二元的次元の体験に導くのである。「天と地にすら先立って究極的実在は存在している。究極的実在は無相である、ましてその呼称などない。究極的実在を見ようとしても眼には見えない。声を出すことがないので耳で探ることもできない。究極的実在を霊あるいは仏陀と呼ぶならばその本性を適切に表現しているとは言えない、名づけてしまうならばそれは夢幻空華ということになるだろう。究極的実在は霊でもなければ仏陀でもない、究極的実在は人々が完全に無我無相の境地に入った時に驚くべき方法で光を与えるのである。回悟した者しか究極的実在を体験することはできない」〔大応国師、南浦紹明、一二三五～一三〇八〕。

究極的実在を体験するということは空と形相との一致体験である。時間を超越する永遠の今が自己限定する瞬間である。般若心経では「色は空に他ならず、空は色に他ならず」と朗詠される。無門関には次のような歌がある「春に百花有り、秋に月有り、夏に涼風有り、冬に雪有り。つまらぬ事を心に掛けねば、年中この世は極楽さ」。

それ、「生成の源泉である語り得ない神性の無の活き」（ES）は「永遠の今」であるこの瞬間に顕現する。その瞬間には時間はない。世界は客体ではない、プロセスである。存在、空、無は変化することがない。しかし生成するということは誕生と消滅の絶えざるプロセスであり、われわれ人間存在においても変わらない。生成は常に相互の絡み合いのうちに展開する。「色」は「空」である。「色即是空」は知的分別心によっては把握できない、体験することによってしか知ることができない。

人の口からは、心にあふれていることが言葉となって出てくる。（マタイ12・34）
神秘的一致体験を経験した者はいつの日か
たとえその体験の説明が短く、限定されているとしても、
自分の体験を自分の言葉で表現したくなり、そうせずにはいられないのである。

10　諸宗教の彼方

非二元的究極的実在との一致体験はキリスト教、仏教においてのみ見られることではない。イスラム教神秘主義スーフィズムでもイスラムの言葉で同様のことが述べられている。「私は神について非常に多くのことを学んだので、私はもはやキリスト教徒、ヒンドゥー教徒、イスラム教徒、仏教徒、ユダヤ教徒であると言うことができない。真理は真理そのものについて非常に多くのことを私に知らせてくれたので、私はもはや男性でも、女性でも、天使でもない、本当に人間の有する魂そのものとしか言いようがない。ハーフェズはすっかり愛に貫かれてしまったので、愛によって私の自我は消滅し、私がそれまで了解していた一切の概念、具象的な考え方から解放されたのである」［ハーフェズ、一三二六～一三九〇、ペルシャの詩人］。

われわれは究極的実在の次元を体験するには、特定の既存の宗教宗派に属する必要はない。インドの賢人カビールはイスラム教徒と信心深いヒンドゥー教徒の間に生まれた息子である、カビール［一四二五～一四九二、インドの聖者］は人々が既存の宗派に属することにとらわれている環境から脱出していた。彼は自分の立場をはっきり示すために素晴らしい詩を書いている。「魚が水の中で喉が渇くということを聞いたなら私は笑うだろう。しかしあなたは究極的実在が身近な存在であり、究極的実在の内に生きているということに気づいていない」。その他の詩に「ああ、私に仕えていると言うお前はどこに私のことを探し求めているのか。ほら、私はお前のそばにいるではないか。私は神殿の中にも、モスクの中にも、カーバの中にも、カイラッシュ［ヒンドゥー教徒、ラマ教徒が信仰する聖山］にもいない。私は諸々の祭式や儀式の場にもいない。ヨーガや禁欲している時にもその場にはいない。お前が真の探求者であるならば、お前は私に出会ったその瞬間に私だと言うことがわかるだろう。カビールは言う、おお、サヅウ［ヒンドゥー教の行者］、神は息吹そのものなのだ」。

われわれが実際いかなる存在であるかに目覚めるということは
われわれの真正の本性を体験することである。
この体験の次元には時間もなければ空間もない、
聖もなければ俗もない。
今ここ、永遠の今のこの瞬間は究極的実在なのである。
究極的実在に活かされて現実の世界を生きること、
根源である究極的実在を日常生活において生きることが肝心なのである。

神秘主義的体験は現実に誰でも体験し得る次元である、それはわれわれ人間存在の最奥底の根源的次元を体験することである。禅においてもキリスト教神秘主義においてもこの次元を「空」（Leerheit）と呼んでいる。しかしこの「空」ということは何もない、単なる空虚や虚無を意味するのではない、徹底した充溢である。それはすべての存在を体験できる根源であり、無における充溢を体験するのである。空は人間と一切の事柄についてそれぞれに本来有する意味づけができるのである。体験する深みの次元はその次元に到達したことのない人々にはただ到達するのが難しいことのように思われている。神秘主義の表現方法はしばしば誤解されがちなのである。合理的思惟の段階に留まったままでいる多くの人々は現実の生活において実際に体験できる次元のことしか信じられないという。神秘家の説く一致体験の根源的次元の真実性に疑問を抱くのである。しかし霊性の道によって実際、神秘主義的一致体験が可能な次元に誰でも到達できるのである。

神と呼ばれているものは、交響曲のように考えられる。
この交響曲には作曲者もいなければ指揮者もいない。
「それ」（ES）が交響曲となって鳴り響いているのである。
われわれはこの交響曲を構成する全く独立した個々の音符のような存在である。
この音符は一回限りの、比類のない、取り違えようがない存在である。
重要なことはわれわれ一人ひとりが個々の音符であることにあるのではなく、
「一なるもの」が音符であるわれわれによって、われわれにおいて
鳴り響いている交響曲であるということである。

11　深みの次元を体得する

われわれは最奥底の次元である究極的実在の顕現した存在である、究極的実在である今を生きる人間、永遠の今を生きる人間として祝われるのである。今日においてもホルツキルヒェンのコースにおいて修練し、深みの次元に突破した求道者たちは、これまで神秘家と呼ばれている人たちと全く同様な内容のことを物語るのである。コースの求道者たちは自分の体験を次のような言葉で語っている。「修練が進むに従って私は自分の心のなかにおける変容に気づいた。それは自己確認、自分自身を認め始めていることでもある。その時、今までとは異なることを理解できる、受け入れることができる器が私の心の中にあるかのような気がした。その時、私が一切の事柄、すべての人と結びついていることがわかった。一切の事柄は始まりもなければ終わりもない時間を超越する永遠なるものが今ここということの瞬間に顕現しているということである。私そのものと言える器は空、無によって『満たされる』。しかしこの無は信じがたいほどの充溢であり、同時に全く日常的な現在である。私の心の中、私の周りで起こること、私の行動も思考も今ここということの瞬間のこととして生成されては再びそれ自体消滅してゆく。

私は雄大な大海のような存在であり、根源である大海即水滴、波即海と言える存在であり、現在の歩み即いのちの活きなのである」。

この言葉から推し量ると、語っているのは求道者の自我ではなく、求道者の自我を通して語っているのは存在の根源である究極的実在そのものなのである。

この根源的次元には死は存在しない。なによりもわれわれは一致、いのち、愛と呼んでいる根源的存在なのであり、あるいはまた神性の無と呼びうる存在なのである。この根源は誕生することもなければ、死ぬこともない、この根源は今ここ、永遠の今が自己限定する瞬間、カイロスにおいてわれわれが現在生きている形相として祝われるのである。

東西世界の神秘家は不生不死である
真正の本性に目覚めさせようとする。
自分の真正の本性に目覚めた者は
誕生と死が存在しないことを知る。
死ぬということは究極的には
われわれが現在生きている形相を脱ぎ捨てることにすぎないからである。
死は神がわれわれを真の存在に連れ戻そうとする
「神の口づけ」である。

12　いのちそのものに終わりはない

死は誕生後の人生における最も重要な出来事である。死は誕生したいのちを成就することだからである。われわれは死んで死を受け入れるわけではない、自我は死んだとしても、時間を超越する永遠のいのちは変わらずそのまま継続して生き続けるからである。生死一如である、生と死は対立することのように思われているにすぎない。実際に生と死は同じいのちの働きの二つの異なった見方なのである。一方の一つの見方だけしかできないならば、他方の見方もできなくなるだろう。われわれは死んで失うものは何もない。われわれは真のいのちに回帰するのである。論証的思惟を巡らすことができる存在の彼方、人格神の彼方にある時間も空間も超越する根源である神性の無の次元においては生まれることも死ぬこともない。根源であるこの究極的実在は樹には樹として、人間には人間として、星雲には星雲として、没落において没落として顕現するのである。

このように没落は実際新しい始まりなのである。消滅することは再び戻って来ることと全く同じような重要な意味をもっている。現在生きているわれわれのいのちが再び形相あるものになるのかどうか私にはわからない。踊り手が次のステップを踏めば、それは踊りの終わりではなく、踊りの継続である。われわれは「いのち」というダンスを踊っているのであり、ダンスの踊り手として、ダンスにおいて踏む個々の一回限りのかけがえのないステップ、それは「いのち」なのである。自我は、時間を超越する神性の無の活きであるいのちそのものが人間存在としてのあらゆる局面でしばしの間踏むステップなのである。

私はいのちの風に何の疑いもなく身を委ねる勇気があるだろうか。
精神的に苦しい状況に陥った時もいのちの風に身を委ねることができるだろうか。
春になって新たに花を咲かそうとして暗闇の大地に静かに眠る種子のように、
いつの日か蝶に生まれ変わり飛び立つ日を夢見て眠っている芋虫のように、
私は闇夜を信じて身をゆだねることができるだろうか。

自然災害や戦争によって繰り返しいのちが失われている。同様なことは他のどこかで毎日のように新たに起こっている。

われわれは知的分別心によっては明らかに説明することができない神秘の中に生きている。神秘主義においては死が死後に継続するのかどうか、続くとすれば死後どのような状態で継続するのかを気にかけることはない。神秘主義における死は時間を超越する宇宙森羅万象の営みにはいることだからである、その場合に自我と人格の存続は断念させられる。その場合天国に入ることを望むということではない、二義的な本質的でないことのすべてを放下することに他ならない。本質的でないことと言えば、それは自我である、自我は超個的な究極的実在から考えれば自我は相対的存在であると認識されるからである。このような相対的視点から考えれば自我は実生活においては真実であるかのように考えられる。確かに自我にはわれわれがこの世に生きるための社会的構成員としての機能を果たすという面で中心的役割があるからである。しかし自我は我が家の「管理人」にすぎず、「家主」ではない。自我はわれわれを人間にもするが同時に在るべき人間としてわれわれを限定もする存在でもある。それゆえ死に対する自我の不安は無理からぬことなのである。自我はいかに解体を免れようと努めても、必ず解体されるからである。霊性の道においては死を肯定的に受け入れることは永遠いのちへの帰郷の入り口であることが教えられる。われわれがいかなる存在であるのか、われわれは霊的な体験もする人間存在なのではなく、われわれは身体に受肉した霊であり、永遠のいのちを生きる人間は神秘そのものである。われわれが人間的な体験もする霊的存在であるということを理解できるならば、いつの日か、われわれは肉体の死を肉体の誕生と同じように祝うことができるようになるだろう。死は永遠のいのちへの帰郷だからである。

すべての人間、生きとし生けるもののことを理解できるただ一つの言葉は愛である。

13　生涯評価の基準は愛のみ

結局のところ永遠が充溢して顕現するその瞬間、永遠の今を生きることにつきると言える、それは究極的実在である神性の無の活きであるいのちと愛へ突破することである。自分自身が一切のものと結びついている存在であることを体得するのだから、それはひとえに神の愛に生きるということである。自分が他の人々の中に自分自身を認めることである。このような愛は「あなたの隣人を愛しなさい」と掟にあるから愛するというのではなく、深みの次元の一致体験に基づいた愛である。われわれはなによりもまず巨大な網のような存在であり、まずもって一人ひとりがその網を作っている個々の網の目のような存在なのである。ホモ・サピエンスの将来は人々がこのような網の目のような存在であることを体得することにある。このような網の目のような存在であることを体得することによりわれわれは互いに奪い合い、損害を与え合っている自己中心主義から脱却し、人間存在について新しい理解の仕方を学ぶことになるだろう。権力欲、蓄財欲、無法な圧力や恐れも不安もない、愛に基づいた人間社会を形成することが重要課題なのである。このような普遍的な世界的愛によってしか人類のさらなる発展を促進することはできないだろう。愛は宇宙森羅万象の根本的構造、根本原理である。愛は世界の構成の設計図である、この愛の設計図に基づいて秩序と調和のとれた体系として展開する。愛は数多くの枝葉を張り出し茂っている大木のようである。多くの枝を張り出しているその枝のすべては一本の大木の幹から出ているのである。しかしその大木の幹はすべての枝の根源であると同時に枝をまとめて調和のとれた一体のものとして形成しているのである。

ここで問題にしている愛はすべてのものが精神的に結ばれている次元の愛のことである、この愛の次元は「私はあなたを愛している」「あなたは私を愛している」という人間相互の個人的愛の次元のことではない、ありとあらゆるものが一つに結びついていて、生きとし生けるものが一体であるという次元の愛である。犯罪者や殺人犯すらも除外されることのない愛である。

一致体験において体得される最も重要なことは普遍的愛である。
人類の目前に迫っている革命的変革は
普遍的愛によって実現されるだろう。
現代世界の矛盾に満ちた分裂状態は
われわれが互いに愛することができないことに起因しているからである。
現代世界のこのような分裂状態を修復するには
普遍的愛によって変革する以外に解決する方法は考えられない。

世界的普遍的愛に立脚しない者は、掟に反するばかりか、むしろ緩やかに展開している宇宙森羅万象の進化の根本原理である愛にも反しているのであり、それはまた永遠のいのちそのものにも反しているのである。

二元的な考え方は一見そのように見えるだけのことであって、
現実は一なるものである。
われわれが生きるということは宇宙森羅万象の営みと一体の存在であるという認識を抜きにしては人生を意義づけすることはできない。
このような理解の仕方によってわれわれは宇宙森羅万象の中心であるという
傲慢な考えをもたずにすむだろう、
またわけもなくわれわれは破滅するのではないかという不安に駆られることもなくなるだろう。

14　新しい次元への突破

諸宗教は人々にとってそれぞれ意味がある。しかし宗教はなによりもまず道を求める求道者たちの霊的導師であると同時に寄り添う同伴者として、神秘的一致体験できる次元に導く存在であることが望まれる。宗教は例えばカテドラルのステンドグラスの窓のような存在と考えられる。ステンドグラスの窓はそれぞれ全く異なった造りになっているが、しかしどの窓も一つの光によって照らし出されている。それらステンドグラスの窓のすべてに一致が見いだされるのではなく、照らし出している一つの光に諸宗教の真の一致が見いだされるのである。しかしそれらのステンドグラスはそれぞれ独自の表象により訴え、自らの存在を主張している。「ステンドグラスの窓」は時間を超越する根源的存在をいわばそれぞれ独自な表現によって、人々に知らせようとしている。しかしそれらすべてのステンドグラスの窓を照らし出している光源は一つである。最も重要なことはステンドグラスの窓の作りそのものにあるのではなく、ステンドグラスの窓が表現しようとしていることを目に見えるように照らし出しているのは一つの光源であることを理解することである。世界の賢人たちがわれわれを導きたいと考えているのは、この根源である光なのである。賢人たちはこの「光」とその光を体験する次元、神性の無、空の次元、真空の中で粒子、反粒子のペアーが生成され、すぐに消滅して何もない状態に戻ることが繰り返されている場の量子論における真空状態の次元に導こうとしているのである。

自己とわれわれの真正の本性である根源との間には二元性は存在しない。すべての事柄は唯一の根源的エネルギーの活動の場なのである。アインシュタインが名づけているようなこのエネルギーの活動の場はわれわれを一つに結びつけるばかりか、われわれの周辺世界とも結びつけるのである。

集団として目覚める時代を迎えているように思われる。われわれは新しい時代の幕開けである愛による革命的な変革の時代の開始点にいる。人間の真正の本性である根源、究極的実在に目覚めることによりわれわれは知的に形成された人間像を遙かに上回る存在であること、われわれ人間は霊的体験もする人間存在なのではなく、人間的な体験もする霊的な存在であること、人間は身体に受肉した霊であることに気づくのである。

神秘主義の道は深みの次元の一致体験に沈潜した後に
現実の社会に戻り、社会的責任を果たすのである。
神秘主義の道は理念ではなく日常生活における行動であり、
そしてすべての人々と共にあること、同胞になることである。
他の人々の中に自分自身を認めることは愛の倫理の基盤である。
日々の単調な明け暮れのなかで実践されない霊性の道は間違った道である。

15　日常生活への回帰

廓庵師遠《かくあんしおん》禅師の『十牛図』第八図「人牛倶忘」別名「空一円相」といわれる図は牧人が牛（真の自己）を探求する過程で人も牛も共に忘れ、忘れるということもなくなる世界、何もない、ことごとく空になってしまった「本来無一物」、修行の頂点である「一円相」の絶対の境地である。一切のものから解放された涅槃の状況が描かれている。しかしこの第八図の段階は霊性の道が本来目指している最終到達目標であるとは言えない。第十図「入鄽垂手」には絶対の境地を体得しておりながら、その高い境地を忘れた布袋和尚は俗世間に表われる。街の市場にいる姿、全く普通の人間のような生活が描かれている。和尚は街の市場で他の人々と同じようにものを売り買いしている。あるがままの自分を世に差し出すことによって人々に影響を与えて悟りに導いている。「神仙真秘の訣《けつ》を用いず、真に枯れ木をして花を放って開かしむ」。この境地こそが霊性の道の最終目標なのである。

真の神秘主義的体験は幻視体験や超常現象、特殊な精神状態に入ることにあるのではない。

われわれの真正の本性の根源、究極的実在は生きられることを望んでいる。われわれは全き人間になるために生まれたのである。われわれ人間存在は現在演奏されている「交響曲いのち」の短いメロディであり、時間を超越する広大な大海に生じる波、「見事な金」で作られているはかない金製の指輪のような存在である。指輪は壊されてしまっても、金は金のままで何ら変わらない。

互いに力を合わせて協力し、音楽、芸術、詩、文学など、いのちのありとあらゆる人間の能力、才能を生かして「いのちを讃えること」ができる。しかし同時にさまざまな苦悩に満ちた予測のできない困難にも直面することもある。時間を超越する宇宙森羅万象における永遠の今の瞬間を在るがまま、そのまま生きるのがわれわれ人間存在なのである。

われわれは今日、さまざまな霊性の道によりいっそう思い切った行動をとり始めている。霊性の道の目指す目標は死後に天国に召されることでもなければ、涅槃に入ることでもない、来世に救いを求めることでもない。深みの体験の次元である「今、ここ」という「永遠の今」、永遠が顕現する充溢の瞬間を生きることにある。

すべての神秘主義が目指すのは日々の単調な日常の在り方にある。
マイスター・エックハルトはこのことを
マリアとマルタの話を手がかりに具体的に説明している。
イエスの足元にうっとりして座っているマリアは
マルタのようになり、
日常生活の在り方を変える必要がある。
われわれの日々の生活を生きることこそが真の宗教だからである。
立っていること、歩くこと、仕事をすることも祈りになる。

非常に多くのさまざまな呼称で呼ばれている根源は人が永遠の今であるこの瞬間を生きること、究極的実在は生きられること、賛美されることが望まれるのである。私が人生を意義あるものであると言いうるのはまさにこのことである。

真の神秘主義的体験によって自己中心主義的生活から脱却できる。どのような考えであれ、どのような行動であっても全体に影響を及ぼしているからである。包括的究極的実在がわれわれ本来の生き方の基盤であることを理解できる場合にしか、われわれは戦争による互いの殺し合いを止めることも、またホモ・サピエンスとして人類が今後生き延びることができる見込みもないだろう。

「いのち」の活きの神秘はわれわれの日常生活のすべてにみられる。われわれはお茶を飲むときも、仕事をしているときも、車を運転しているときにも、そのことが根源である究極的実在の活きであることを知る。このように東西の霊性の道において存在の根源である究極的実在を体験することによって一切の対象的現実世界の表象的存在や人間的な事柄との関係性を超越できるのである。深みの次元の根源である究極的実在の体験は理性的には捉えられない。「仏に会っては仏を殺せ、祖に会っては祖を殺せ」と言う。概念化された絶対的存在などはどこにもない。どのような体系的学説も「月を指さす指」に他ならない。深みの次元の根源体験はいかに言語によって表現しても説明することができない。深みの次元における一致体験することにより「概念」と化しているどのような神の表象、考え方からも解放され、一切の教義、表象的な存在からも解放されて、われわれは非二元的究極的実在の次元に導かれるのである。しかしただこの深みの次元における一致体験の段階に立ち止まったままでいるのではなく、深みの次元の根源である究極的実在を日常として生きることが重要なのである。

永遠なるものが顕現する今ここということの瞬間、「永遠の今」を実存的に生きることによってこの瞬間は日常とは全く異なった意味を持つようになる。

16　私の信条

「一なるもの」は私の真正の本性
また生きとし生けるものの本性である。
それは時間を超越していて、変化することがない、
それは時間のなかで展開する。
それは今ここに存在する私という形相として顕現している。
それは私の生まれた時に生じたのではない。
それは死によって消滅することもない。
それは善でもなければ悪でもない、
「一なるもの」に比べることができるものは何一つない。
「一なるもの」は不二であり、大海のような存在である、
大海はいつまでも何ら変わらないままである、
たとえ大海に何百万、何千万という波が作り出されるとしても。

この「一なるもの」は一切の事柄の根源である。
それは無限の存在である。
「一なるもの」は始まりのある存在では決してない。
「一なるもの」は決して終わることもない。
「一なるもの」には時間がないからである。
「一なるもの」は体験することしかできない。
「一なるもの」は一切の行為、振る舞いの奥に隠されている
いわば創造世界を観照する永遠の聖なる「目撃者」とでもいう存在である。
この「目撃者」のような「一なるもの」が私の真正の本性、真実の自己である。
「一なるもの」は一切の形相あるものを生成する
無相の潜在的活き、根源的力動性、神性の無の活きである。

この「一なるもの」はいかなる神学、哲学、
神義論や形而上学の領域をも超越する。
「一なるもの」は信仰とは何ら関わりがない。

「一なるもの」は一切の限界を超越する絶対的現在、永遠の今である。
この「一なるもの」の活きである時間を超越する永遠の今、絶対的現在から
宇宙森羅万象のさまざまな形相と本性が発出する。
それは途絶えることなく深みから溢れ出ている
干上がることの決してない泉のようである。

「一なるもの」は究極的原因である。
「一なるもの」は繰り返し新たに形成されている「無」である。
ディオニシウスはこれを「第一原因」と呼んでいる。
彼はそれを見事に表現している。

「一切の事柄の第一原因は
存在でもなければいのちでもない、

第一原因は存在といのちを最初に作り上げたものとして
既に存在していたからである。
第一原因はまた概念でもなければ
理性でもない、
第一原因は概念と理性を作り上げたものとして
既に存在していたからである。
第一原因と呼びうるものはこの世に何一つない。
この世の一切の事柄は
第一原因によって既に作り上げられてしまっているからである。
しかしそれにもかかわらず第一原因は
力がないわけでは決してない。
なぜなら第一原因はすべてのものを作り上げ、
存在する一切のものを存在させているのだから。
創造すること、存在させるには
実際何かあるものを創造し、存在させるための力が必要である。
しかしそれにもかかわらずこの第一原因は
力でもない。
なぜなら第一原因は力を最初に作り出したものとして
既に存在していたからである」。

常に新しい形相あるものはこの「一なるもの」から生成されている。
この「一なるもの」は原因とされる事柄の根本原因である、
しかし原因と原因によって生じる結果を
意味するものではない。
「一なるもの」は「無」だからである、
無は繰り返し新たに生成されているのである。

一切の事柄と生きとし生けるすべてのもの
われわれ人間もまた

この純粋な根源的「無」から生成されているのである。
われわれはこの「無」から創られた形相なのである、
金製の指輪が
金で作られた形相であるのと同様である。
指輪は金そのものではない、金は指輪そのものではない。
指輪と金は金製の指輪として一体のものである。
金は金製の指輪として存在しているが
しかし金製の指輪になっても金は金のままで何ら変わりはない。
金製の指輪と同じように人間、動物、樹木、
花、石、水、山、惑星、
衛星、恒星、渦巻き星雲、
われわれ自体、われわれの抱く感情、
さまざまな考えやもくろみことに至るまで
この「一なるもの」によって成っている。
しかし「一なるもの」はそのことによって何ら変わらないままである。

この「一なるもの」は言わばわれわれわれの姓、名字のような存在である。
われわれは皆この「一なるもの」の「一つの家族」のような存在なのである。
この「一なるもの」は分母である。
分母はすべての分子に関与している。

われわれはこの「一なるもの」であるのだから、
われわれもまた生じたのでもなければ
消滅することもないだろう。
われわれは真正の本性なのだから
不生、不死なる「一なるもの」の存在なのである。
「一なるもの」はあなたの誕生前、「父母未生以前」、悠久の昔から存在している。
われわれはまぎれもなく「一なるもの」の存在として今ここに存在しているのだ。
絶えず変化しているのは形相のみである。

波が絶えずその形を変え続けているのと同じように、
しかも今というこの瞬間においても絶えず変化しているのだ。
しかし大海は何ら変わらず同じ状態のままである。
波はいつまでも同じ波の姿であり続けることはないのだが、
しかし波が同じ大海の水であることには依然として変わりはない。

「一なるもの」は絶えず同じ状態のままであって、
決して変化することがない。
外見上の形相は消滅するだろう。
しかしわれわれが最奥底の存在であることは
消滅することもなければ破壊されることもない。
このことを抜隊得勝禅師は
ディオニシウスと同様のことを書き記している。
「一なるもの」は誕生によって生ずるのでもなければ、
死によって消滅することもない。

「一なるもの」は男性のものでも女性のものでもない。
「一なるもの」は善いとか悪いとかいうものでもない。
「一なるもの」に比べられるもの、譬えられるものが何一つないのだから、
それゆえ「一なるもの」は「仏性」と呼ばれる。

「一なるもの」はわれわれの誕生によって生ずるのではない。
「一なるもの」が現在ある形相に限定されて存在しているにすぎない。
「一なるもの」は死によって滅びることもない、
ただ現在ある形相のみが消滅するだけだからである。

たとえ人々が
自分が確かに今まで生きてきたかのように
あるいは生きて体験を重ねてきたかのように
さまざまな事柄が繰り返し思い出されることがあるとしても、
生きてさまざまな体験をさせているのは

すべてこの「一なるもの」である根源的存在に他ならないだろう。
外見上の形相は消滅するだろう、
しかしわれわれが根源的存在であるということは
時間を超越しているので消滅することはない。

われわれは根源的存在である「一なるもの」の顔、「本来の面目」を有している。
「本来の面目」は悪の陰に隠そうとしても
隠すことができない。
あなたがあなたの真実の姿、「本来の面目」「一なるもの」を覚知する境涯に辿り着けば、
あなたはその顔を再認識するだろう。
その顔はあなたにとって昔から見慣れた顔である。
その時あなたは知るだろう、
その顔は常に変わらず同じ顔であったことを、
その顔はあなたの誕生前から、
あなたの父母の誕生前から、

悠久の昔から変わらないことを、
それは現在あるこの世の終わりにおいても変わらず同じ顔であることを。

この世は没落するかもしれない、
しかし没落するときにも
この「一なるもの」は没落として顕現する。
没落するということは没落することでは決してない、
没落は異なる次元への継続であり、様態の移り変わりにすぎない、
それは新たな始まりだからである。

深みの次元における一致体験によって
われわれは気づくだろう、
「生成の源泉である語り得ない神性の無の活き」（ES）自体は完全に沈黙したままだが、
しかし外見上の形相だけが
生じては消え去って行くのだということを。

その時われわれは
経験によってわかりきっていることを、
ようやくはっきり認識するだろう。
そして今まで知識としてわかりきっていたこと、
そのことをすっかり忘れてしまっていたのだということに
初めて発見したかのようにあらためて気づくのである。
「永遠の今」の瞬間しか存在しない。その瞬間において顕現する「それ」(ES)
「生成の源泉である語り得ない神性の無」に触れるのである。
カイロスとは「それ」が顕現する充溢の瞬間、自己限定する瞬間、「永遠の今」である。
「永遠の今」を生きる境涯に辿り着いた者が体得するのは一致、連帯、愛である。

森羅万象、生きとし生けるすべてのものは
愛に結ばれた一体的存在である。
人間存在の意義はこの一体的存在であることにある。
われわれは愛の共同体の存在者として日常を生きるのである。

原典参考文献

DAIO KOKUSHI, trad. Zen-Text, Die Flöte des Unendlichen, Mystische Rezitationstexte aus Ost und West, herausgegeben von Willigis Jäger und Beatrice Grimm, Verlag Wege der Mystik, Holzkirchen 2009.

MEISTER ECKHART, Deutsche Predigten und Traktate, herausgegeben und übersetzt von Josef Quint, Carl Hanser-Verlag Müchen 1963.

GEBSER, JEAN, Ursprung und Gegenwrart, Novalis Verlag 2010.

HADEWIJCH VON ANTWERPEN, Odette Baumer-Despeigne, Eigenverlag 1988.

HAFIS, Die Liebe erleuchtet den Himmel, Deutsch von llserose Vollenweider, Benziger 2002, Patmos Verlagsgruppe.

HERZSUTRA, trad. Zentext, Die Flöte des Unendlichen, Wege der Mystik 2009.

JOHANNES VOM KREUZ, Der Sänger der Liebe, Walter Repke, Echter, Würzburg 1985.

KABIR, lm Garten der Gottesliebe, Werner Kristkeitz Verlag, Heidelber9 2006, www.kristkeitz.de.

METZINGER, THOMAS, Der EGO Tunnel, Eine neue Philosophie des Selbst: Von der

Hirnforschung zur Bewusstseinsethik, Berlin Verlag 2009.

MUMONKAN, Die torlose Schranke, Zen-Meister Mumons Koan-Sammlung, neu übertragen und kommentiert von Zen-Meister Koun Yamada, Kösel 1989.

PORETE, MARGARETA, Der Spiegel der einfachen Seelen, herausgegeben und übersetzt von Luise Gnädinger, Topos plus, Butzon & Bercker 2010.

SHINJIN MEI, Seng-t'san, trad. Zen-Text, Die Flöte des Unendlichen, Verlag Wege der Mystik, Holzkirchen 2009.

TERESA VON AVILA, Wohnungen der Inneren Burg, Herder spektrum 2005.

THOMASEVANGELIUM, aus verschiedenen Übertragungen des Urtextes überarbeitet von Willigis Jäger.

WOLKE DES NICHTWISSENS und BRIEF PERSÖNLICHER FÜHRUNG, Der Klassiker der Kontemplation, übertragen von Willi Massa, herausgegeben von Willigis Jäger, Kreuz Verlag.

原典関連文献

DÜRR, HANS-PETER, Warum es ums Ganze geht, Neues Denken für eine Welt im Umbruch, oekom verlag 2009.

HÜTHER, GERALD, Was wir sind und was wir sein könnten, Ein neurobiologischer Mutmacher, S.Fischer Verlag 2011.

MARTI, LORENZ, Eine Hand voll SternenStaub, Was das Universum über das Glück des Daseins erzählt, Kreuz Verlag 2012.

JÄGER, WILLIGIS, Kontemplation- ein spiritueller Weg, Kreuz Verlag 2010.

JÄGER, WILLIGIS, Ewige Weisheit, Das Geheimnis hinter allen spirituellen Wegen, Kösel-Verlag 2010.（邦訳『久遠の叡智』教友社、二〇一〇年）

JÄGER, WILLIGIS, GRIMM, BEATRICE, Die Flöte des Unendlichen, Mystische Rezitationstexte aus Ost und West. herausgegeben von Willigis Jäger und Beatrice Grirnm, Verlag Wege der Mystik, Holzkirchen 2009.

JÄGER, WILLIGIS, Über die Liebe, Kösel-Verlag 2009.

JÄGER, WILLIGIS, Anders von Gott reden, Verlag Via Nova 2008.

JÄGER, WILLIGIS, Westöstliche Weisheit-Visionen einer integralen Spiritualität, Theseus verlag 2007.（邦訳『東西の叡智』教友社、二〇一一年）

JÄGER, WILLIGIS, Das Leben ist Religion, Kösel-Verlag 2005.

JÄGER, WILLIGIS, Aufbruch in ein neues Land, Erfahrungen eines spirituellen Lebens, Herder spektrum 2003.

JÄGER, WILLIGIS, Wohin unsere Sehnsucht führt, Mystik im 21. Jahrhundert, Verlag Via Nova 2003.（邦訳『W・イェーガー講話集』（Ⅰ）（Ⅱ）、教友社、二〇一六年）

JÄGER, WILLIGIS, Die Welle ist das Meer, Herder spektrum 2001.

JÄGER, WILLIGIS, GRIMM, BEATRICE, Der Himmel in dir Kösel-Verlag 2000.

JÄGER, WILLIGIS, Suche nach dem Sinn des Lebens, Bewusstseinswandel durch den Weg nach innen, Verlag Via Nova 1998.

ウィリギス・イェーガー　略歴　（一九二五〜二〇二〇）

ベネディクト会士であり、禅の師家でもある虚雲老師は東西世界の霊性を体得し二つの世界を結びつけた。キリスト教神秘主義と禅を双修することにより宗教宗派を超越する神秘的次元を体験した。諸宗教の伝統的諸概念を超越したばかりか同時に最新の科学的洞察をも取り入れている。

ウィリギス・イェーガーは神学、哲学を研究した。

一九七五年から一九八一年まで六年間、日本、鎌倉三雲禅堂において山田耕雲老師のもとで修行した。

一九八〇年禅を指導する教師の資格を取得した。

一九八三年ウィリギス・イェーガーはビュルツブルク、ミュンスターシュワルツアッハベネディクト会修道院内に初めて禅瞑想センターとして禅堂「聖ベネディクトの家」を創設した。

一九〇〇年シュバルツヴァルトに「霊性の道の共同体」の支援により「禅瞑想道場 ゾンネンホーフ」が創設されて共同設立者となる。ビュルツブルクに瞑想道場を創設する。

一九九六年三法禅窪田慈雲老師より印可証明を与えられ、釈迦牟尼八六代の継承者となる。

二〇〇〇年からローマ教皇庁教理省との間で教義上の解釈に関して論争が始まり、二〇〇二年、彼に箝口令と執筆禁止令が発せられた。しかし彼は自らの良心に従うと同時に、自分の道場で道を求めている多くの求道者たちに対する責任感から、この禁止令を受け入れ従うことなく生涯活動を続けた。教皇庁とベネディクト会、ミュンスターシュワルツアッハベネディクト会修道院の間で協議が重ねられた結果、彼は修道院の一員としての資格を有したまま長期休暇をとり、ミュンスターシュワルツアッハベネディクト会修道院を離れることになった。

二〇〇三年に道友、事業家ゲルトラウト・グルーバー女史の財政支援によりホルツキルヒェンに新たに建設された〈霊性の道センター・ベネディクツスホーフ〉に生活の拠点を移すことになった。以後ベネディクツスホーフは彼の主な活動拠点となり、終世ここで生活した。

二〇〇七年ベネディクツスホーフに〈東西の叡智ウィリギス・イェーガー財団〉を設立した。

二〇〇九年、中国禅宗 Jing Hui 師（浄慧老師）によりあらためて印可証明を受け、中国臨済宗四五代の継承者にもなった。

彼自身はベネディクツスホーフにおいて独自の在家禅の道〈虚雲〉と彼独自の瞑想の道〈不知の雲〉を創設した。

ウィリギス・イェーガーはベネディクツスホーフにおける講習会のコース、講演のほか数多くの出版物により人々を深みの次元、霊性の道の体験に導き、人間存在の意義を説き続けた。人間と社会の在り方の根源的改革を訴え続け現代社会に多大な影響を及ぼしている。

あとがき―訳者断想―

本書はウィリギス・イェーガー、"Jenseits von Gott", Wege der Mystik, 2021[4]. の翻訳である。原書では画家ペトラ・ワーグナーの絵画的表現が取り入れられているが、残念ながら諸般の事情により本書に用いることができなかった。

師の数多くの著書により既に繰り返し述べられている霊性の道の要点が短く、簡潔にまとめられている。本書は彼の霊性の道の集大成である。目次を見れば、師がこれらの項目に従ってあらためて一人ひとりが自己を見つめ直し、真正の自己、本性に生きて欲しいという自己省察の願いを込めて霊性の道の実践を促している。編集者ベアトリス・グリムが「はじめに」の中で師の言葉として述べているように生涯最後の著書として、これだけのことだけは繰り返し重ねて言い残しておかずにはいられないという師の切実な思いが感じられる。

その思いは例えば、『久遠の叡智』二〇一一年二版の末尾に見られる「信条」が本書に「私の信条」として再度ほぼそのまま収録されていることにもみられる。「信条」とは若干表現の異なる部分、削除された部分、新しく書き加えられた部分もあるが、本書の「私の信条」はこの両者を勘案して訳すことにした。

『神の彼方』という表題を見れば、一体「神を超える彼方」とはというよりも、一体「神」とは何か、神とは真実どのようなものを意味するのか、ということに関心が向くことになるのではないだろうか。「神」とは何かと問われたならばどのように答えることができるだろうか。何となくわかっているかのように思われている「神」という言葉は通俗的にはわかりきったことのように用いられてはいるが、果たしてどのように考え、明確に説明できるだろうか。言うまでもなく「神」とは何かを知的に説明するには限界があり、本来、信仰の問題ではあるが、一般的には言い表しようのない漠然としか知り得ない何ものかだろう。科学的知識の万能が信じられている合理的思考重視の現代においてはあらためて問うにも値しない、科学的には説明不可能な答えようのない無意味な存在として片付けられるのではないだろうか。神に対する無関心が支配的である。しかし「神」という存在は果たしてそのように考えるにも及ばない無意味な存在としてすまされるのだろうか。『神の彼方』という言葉をヨーロッパ人が聞けば三位一体の人格神を超える彼方と受け取るのが一般的だろう。しかし本書において師が「神の彼方」という場合の「神」はそのような人格神のみを意味しているのではなく、諸々の既存の宗教によりつくり出されている表象的神的存在、さらには既存の制度化された宗教宗派とは全く無関係とまでいわないまでも、いわゆる一般的に顕教の世界で「神」と呼ばれ崇敬されているありとあらゆる一切の観念的神的表象的存在のことと考えられる。

したがってここで言われている「神の彼方なるもの」とは三位一体の人格神を含む、その他特定の宗教宗派の神々、一般的に「神」と呼ばれている存在のすべて、宗教的、思想的、哲学的、社会的領域において考えられている観念的な一切の神的表象的存在、作り上げられた多くの諸仏、諸菩薩の彼方なるものである。イデオロギーと化している一切の信仰の対象的存在の彼方にあるものと考えてよい。いわゆる「観念」と化している「神」に纏わりついているいろいろな属性と顕現形態を取り払った根源的純粋な存在、無限定、無際限な創造的活き、顕現以前の超越的至高の存在である神の本性のことである。

マイスター・エックハルトは人間の最奥底である「魂の根底」と「神の根底」は一つであるという、魂の最内奥にして神の最内奥を「神性」と呼び、空における一致について語っている。エックハルトが「神性」と呼ぶ魂の根底である「城」の中を誰ものぞき込むことはできない。「城」は「一」なるものであり、単純であり、あらゆる在り方とすべての力を超えている、固有性もないからである。三位一体の神ですらそこは一致だからその中を覗くことはできない。神がその内をのぞこうとするならばその時、神はあらゆる在り方も固有性もない単一なる「一」そのものになり、その意味で、神は父でもなく、子でもなく、聖霊でもない「一」なるものにならなければならない。エックハルトは絶対的「一」なるものへの関心を深めることになった。「一」なるものとは多に対する数の一ではない。絶対的「一なるもの」は存在の本体であり無である。一切の対立と限定、存在と思惟を超えて統合する絶対超越的至高の存在である。「一切の相なく質なく単純なる一そのものであるところの神は父でもなく子でもなく聖霊でもない。一つのあるものであるが、これとも言えず、あれとも言えない何かあるものなのである。神が一にして単純であってこそ、私が魂の城と呼ぶこの一なるものの内へ神は入り来たるのである。その点においてだけ魂は神と等しいのであって、その他は等しいとはいえない」（『エックハルト説教集』2、参考）、神は存在するものでも存在しないものでもなく、あらゆる範疇を超える存在である。神は肯定的な述語で表現することができない。神には名がないからである。神は一切の名を超えており、どのようなものでも神を言い表すことができるほど高く超え出ることはできない。神は無であり、そして神は一つの何かである。それはまた何ものでもないものである。神であるもの、それはすべてである。神は遙かにすべてのものを超えているということである。一切の表象的表現を伴わない超越者、神自体としての「一」性、万物の根源にある無限の神的な力、絶対無限無相の主体、「一ならざる一なるもの」であるこの「神の本性」を三位一体の神を超える彼方に位置づけてエックハルトは「神性の無」と表現する（『エックハルト説教集』71、「無である神について」参考）。

神は人間の存在に関わり、実存的に人間存在の深みの次元から芽生えてくる。神なる霊は人間を求めていて、それは形式や教義に束縛されることがない。神は人間の心の内に存在することを望むのである。霊性の道はこのような神との一致体験に導くことを目指すのである。

鎌倉三雲禅堂における自らの開悟体験後にイェーガーは神について次のように語っている（著書『愛について』S.50）。

「あなたは〈神〉という言葉をどのように理解し、解釈するのかと問われたならば、私は西欧世界のキリスト教神学用語である〈神〉と呼ばれている存在は絶対的空であり、それは絶対的愛、いのちの充溢、一致、至福直感という至高の喜びの顕現である」と言う。

一切の神的表象的存在を超える彼方に人間の魂の最奥底にある源泉の活きである根源的実在である絶対、無限、無相な創造的主体である永遠のいのち、一切の存在者の超自然的実存規定である神性の無の活きとしての究極的至高の実在が考えられるのである。本来真に神と呼ばれるべき存在はわれわれ人間の分別的認識、神学的論証的思惟の次元を絶対的に超越する究極的至高の実在である。イェーガー師はこれを「第一現実」「究極的現実」「究極的根底」等と呼んでいる。この永遠に創造的な根源的いのちの活きそのものは「仏性」と呼ばれようが、「神性」と名づけられようが、どのように命名するにしてもあらゆる範疇を超える絶対無限定に超越する神秘である無名無相の存在、永遠不断の創造的エネルギー、宇宙森羅万象の根本原理である究極的実在の活きなのである。

キリスト教会でも、鎌倉八幡宮の神殿前でも、長谷観音の前でも、宗教宗派を問わず神社仏閣で手を合わせて祈ることのできる日本人、しかし多くの場合、眼前に対象として向き合う表象的神的存在そのものを日常的に崇敬しているわけでもなければ、信じているわけでもない、ましてやほとんどの場合、自宅でその対象そのものを前にして日常的に直接ひざまずいて日々祈りを捧げることなどは恐らくごく稀なことだろう。しかし祈る人々の心、神前で合わせる手先、頭を垂れるその先に在るさまざまな表象の奥、あるいは祭場で執り行われる祭儀の彼方に広がる言表不可能な広大無限な聖域が一人ひとりの心の奥底に秘かに広がっているのではないだろうか。さまざまな宗教に見られる外在的対象的存在の多様性は無限の神秘の現れと言えるだろう。「神」は無がさまざまな姿で示現した神であり、人々は神々のうちに無意識的ではあるが神性の無である根源的実在を求め、昔から祈り続けてきたのであり、現在も祈り続けていると考えられるのではないだろうか。その場合、神性の無の活きの意識から完全に切り離されてしまっているとは言い切れない。むしろ心の奥底において秘かに触れあい、言い知れぬ何ものかに聴従することにより信頼の心をもって決断し、救われ、何かが叶えられるのではないかという思いを抱いて祈るのではないだろうか。そこには、真の祈り、信仰とまでは言えないままでも、言葉に言い表せないが心の底に漠然とした内在的超越者との秘かな交わりがあると考えられるのではないだろうか。神社仏閣に詣でる、絶え間ない人の流れを見るとき、それらの行動は通俗的には宗教的信仰というよりは単なる観光目的、現世の利益、幸せ、安全健康、平和な生活を求めて祈願する伝統的慣習、習俗にすぎない現象であり、宗教、真の信仰ではないとされている。また日本人の他宗教に対する寛容さは宗教的節操のなさ、真の宗教に対する意識の欠如を表わすものであるというのが一般的な見方である。このように言われてきた側面があるのは事実ではあるが、果たしてそのような考えだけですますことができるだろうか。確かに多元的価値観を受容する寛容な姿勢、多神教的信仰の容認、超越よりも現世、現実生活を重視する側面があることは日本人の伝統的精神構造に見られる特色ではある。日本人の精神構造は伝統的に多様な価値観、宗教を自らの生き方に合わせて変化させて受容してきている。現代もこのような傾向は変わらず、多様な価値観の中から自らの生き方、宗教を選択しようとする姿勢に変わりはない。

科学技術の急速な進歩によって社会構造、意識の領域を含めてグローバル化により世界は劇的に変化している。精神的分野、宗教意識、思想的分野においても世界的規模で想像を絶する多大な影響を受けている。日本人の精神構造も今までにないような変化が見られるように思われる。科学技術万能を信じる現代、一般的には「神」、超越的宗教に対する無関心が支配的であるという現実には変わりはない、多元的に他宗教、異なる価値観を尊重し容認する姿勢も変わりはない。

しかし現在大学で教鞭を執っているある宗教学者が最近、若者を対象に宗教的意識に関する調査したアンケートの結果をもとに次のような若者の意識の変化を指摘している。比較的若い世代に宗教そのものについての捉え方と関心、宗教に対する考え方に根本的な変化の兆しとでも言うべきことが見られるように思われるという。コロナ禍というパンデミックに襲われたことによる多数の死者、社会生活の急変、人間の生命の尊さとはかなさの体験、人間とは「何であるか」、人間存在の在り方そのものを根源的に考えさせられていることに原因があるのではないかという。若い世代の生き方、個々の人間としての自己省察、自己自身の在り方の再確認への関心の高まりとまで果たして言うことができるのかどうかは別としても、パンデミックが若い世代の精神形成に多大な影響を及ぼしているのは間違いない。この人類生存の危機的状況におかれた若者たちが自己確認を模索し始め、「どこから、どこへ」と自己究明することが自己超越に向かうということは十分考えられる道筋ではある。超越の意識が乏しいと言われてきた日本人の超越性への関心の高まりの兆候とまでは言えないとしても、コロナ禍の影響も含め考えられる地球規模の急速な社会の劇的変化によって日本人の宗教意識が時代と共に徐々に変貌してきているのは間違いない。

個々人だけに留まらず、組織的宗教においても多様な価値観の容認、思想、宗教の影響を受け、他宗教に対する対応の姿勢に変化がみられる。地球規模で宗教宗派を超えて宗教的集会や国際的宗教会議がさまざまな方法により一般的に催されるようになってきている。また異なる宗教宗派、神社、仏教寺院、キリスト教会等による宗派を超えた合同祈祷集会の開催等も最近では珍しいことではない。このような宗教間対話、諸宗教との合同祈祷集会や研究会等は一昔前までは全く考えも及ばなかったことである。カトリック教会を考えてみても宗教間対話は、現代世界の諸宗教との対話を打ち出した第二バチカン公会議（一九六二～六五）以後のことであり、それ以前は「教会の外に救いなし」という排他主義的考え方を永年主張し続け、他宗教と対話する姿勢など微塵も見られなかったからである。しかし公会議後約半世紀を経た今日ではバチカン内に「バチカン諸宗教対話評議会」が設置されている。わが国においても一九六七年に始まった「禅とキリスト教懇談会」をはじめ、その他「東西宗教交流学会」「世界宗教者平和会議」「アッシジ平和祈祷集会」などがある。このような宗教間対話、多元的な宗教宗派間の相互容認と諸宗教尊重の姿勢は至極当然のこととして世界的傾向となっている。しかし宗教間の対話は進展していると言えるのだろうか、対話の継続により相互理解が深まり壁は徐々に突破されていると言える状況に果たしてあるのだろうか。外面的な対話、接触から神学的論証的思惟に基づいた対話段階、哲学的論究による対話、体験の段階等を経て、相互理解と協力を深めて、諸宗教が遠い将来に共通根拠である根源的唯一性、「神性の無」、究極的実在において源泉的に出会い、無私の愛（Kenosis）に結ばれた新しい信仰の在り方の誕生となり得るのかどうか。多様性、諸宗教の差異の彼方に超越者の一性の存在を認める新しい信仰の在り方へ進展する道が開かれるかどうか、現代の宗教界のみならず人類に問われていると言わざるを得ない。

このような宗教意識の変化は既存の組織的教団や宗派間、信徒の間にだけにみられる新しい傾向ではない。とりわけ注目すべき傾向は、むしろ既存の伝統的組織的宗教の権威、教義の枠組みにとらわれない宗派を超えた瞑想、坐禅、ヨーガ、マインドフルネス等の他さまざまな新しい道による体験を通しての自己省察と心の安定化を主体的に求めようとする人々がみられることである。道の在り方は玉石混淆ではあるが、とりわけ比較的若い世代にみられるようになってきていることである。日本人は超越の神秘に対する意識が乏しいといわれてきたが、さまざまな新しい道により人々が心の最奥底の言い知れぬ内在的超越者の存在を漠然とではあるが理解し、関心をもち始めてきていると言えるのかもしれない。

このような新しい傾向は日本のみならず、洋の東西を問わず、アメリカをはじめ西欧諸国にも共通してみられる世界的傾向である。なかでもとりわけ坐禅にたいする世界的関心の高まりは際だっている。

例えばドイツでは二〇一九年にはプロテスタント、カトリック併せて史上最多の五四万人のキリスト教徒が教会を離れたといわれている。信者のキリスト教会離れは加速度的に進んでいるが、しかしその一方で坐禅に対する関心の高まりはいっこうに衰えをみせていない。例えば、ヴュルツブルク近郊ホルツキルヒェンのヨーロッパ最大級の瞑想センター「東西の叡智」財団、ベネディクツスホーフを訪れ、宿泊して修練する求道者数は述べ年間約四万人に及ぶという驚くべき関心の高さである。その理由はさまざま考えられるとしても、人々の宗教の捉え方そのものが根本的に大きく変化していることにあるのは間違いない。多くの人々が永年絶対視されてきた制度化された既存の組織的伝統的宗教に救いを求めようとせず、過去の権威や因習、教義にとらわれずさまざまな道を通して多元的宗教の価値観の中から主体的に選択し、宗教を自分の生き方に合わせて体験を通して自由に選択し、確認し自らの根源的生の基盤を探求し始めていることである。注目すべきことは多くの場合に既存の宗教宗派の伝統的教義に基づいた人間存在の理解の仕方にとらわれず、あらためて「自己とは何か」という、自己の存在を根源的に再確認する自己省察から始めていることである。このような自己省察の道は「どこからどこへ」と自己の存在根拠を尋ね求めることになる。自己省察により必然的に超越者に対する意識が芽生え、自己認識はやがて超越する神秘的存在の探求へと関心は深まる。その道に徹底すれば必ず神秘主義的体験、神性の無の活きである究極的実在の確認に向かわざるをえなくなるだろう。本人がそのことをはっきりと意識していなくとも、言葉により表現することはできないとしても、人間は自らの存在の究極的根拠、本来本性としての根源的存在、絶対的超越者へ始原回帰する志向性を有しているからである。

このような現状を考え合わせるならば、従来宗教学者たちが日本人の宗教心、信仰の在り方を単なる習俗、慣習にすぎず、信仰といえるものではないとして切り捨てるのは果たして適切なのだろうか。日本的霊性に立脚した日本人固有の信仰、信仰心についての理解が十分とは言えないのではないだろうか、日本人の宗教心の根底には、真の信仰の核心である根源からかけ離れているどころか、むしろ盤珪禅師が説いた不生禅にみられるような人間本来の有する「不生」の仏性、人間存在の根源への回帰心、朧気ながらも信仰の核心である根底的存在の活きに対する関心とでも呼びうるような信仰の源泉、日本的霊性の核心とでも言うべき内在的超越者の存在と言い知れぬ大悲に対する信心、意識を認めることができるのではないだろうか。日本人の精神構造の意識の根底には「神性の無」である根源的神なる霊の活きが認められるのではないだろうか。特定の既存の宗教宗派に属する信仰を持たなくとも、神前で、仏前で合わせる手先、頭を垂れる多くの人々の心の奥底には「無名のより高き存在の活き」とも言える神秘の根源的聖域、神秘的次元の広がりがあるのではないかという考えは考えすぎだろうか。それ、「生成の源泉である語り得ない神性の無の活き」(ES)の存在に対する秘められた思いを言葉には表すことはできず、何かわからないが言表不可能な無限の神秘的存在、根源的実在に対する秘かな思い、無意識のうちに魂の最奥底に在る内在的超越者の存在を漠然と朧気ながら感じ取っているのではないだろうか。すべての人間の魂の根底に激しくはないとしても本来始原回帰の志向性が備わっていると考えられるからである。

マイスター・エックハルトは魂の根底は神の根底と一つであるという。「私の働きは神の活きであり、神の活きは私の働きである」と言う。「生きているのは、もはや私ではない。キリストが私のうちに生きている」（ガラテヤ2・20）という言葉も思い出される。神性の無の活きをキリスト教的に表現するならば、われわれは神の「いのち」であり、それが人間的体験をさせているということである。「私が今あるのはすべて神の恩寵によっている」（一コリント15・10）。人間それ自体、そのまま恩寵の体験における神秘なのである。神の永遠のいのちに生かされているのである。われわれは霊的な体験もする人間存在ではなく、人間的な体験もする霊的な存在なのである。人間は身体に受肉した霊なのである。

しかし人間がこのような神秘そのものであるであることを認識し、神の永遠のいのちをいのちとして生きることができるような境涯にまで辿り着くには自助努力のみによって達成するのは不可能であり、謙虚に神に聴従することが欠かせないことは言うまでもない。究極的実在を全面的に心から受け入れ、神性の無の活きである霊を選択することである。魂の最奥底に在る内在的超越者に聴従することである。「本来の自己」は究極的実在の活きだからである。究極的実在との一致体験は特定の既存の宗教宗派の教義内容の問題ではなく、信仰心の根底、根源的信仰、源信仰（Urreligion）と呼びうることだろう。「神性の無である究極的至高の実在はすべてのものの形相因だからである」。超越的至高の存在である究極的実在は生きとし生けるものの中に自らを内在させ、自らは変化を受けることがない。一致体験により根底であるこの究極的実在の活きに目覚めて本来の自己を生きることは「究極的実在のいのちの活きを共有すること」「神の本性に与《あずか》る」ことである。それは「全き人間」「完全な人間」(Ganz Mensch werden)の実現に繋がるといえるだろう。

究極的実在の自覚を促すために求められるのは特定宗派の抽象的な神学理論の展開でもなければ哲学的論究によるのでもなく、教義、理論を超えて積極的に体験すること、霊性の道により一致を体験することである。魂の最奥底の根源的次元、究極的実在は宗教哲学的知識による論求、神学的論証的思惟に基づいた概念知による解明のみでは接触不可能だからである。論証的説明不可能な神秘の世界である。神秘主義的一致体験によってしか実現されることのない究極的至高の実在との接触、「顔と顔とを合わせてみることになる」(一コリント13・12)神と完全に一体になる神秘の至福の時、それは沈黙の神秘の世界である。あらためて霊性の道における神秘主義的体験の再認識と積極的実践が求められるのである。

もはやただ過去の栄光を夢見て伝統的教義、信念をひたすら護り続け、概念知によって自らの信仰の世界を維持しようとするのみの宗教に未来はない。宗教に求められるもの、その必要性は大きく変わってきている。多くの人々はもはや既存の伝統的制度的宗教からの答えを期待していない。真の宗教の在り方として人々が求めているのは知的論証的思惟と権威的神学に基づいた教義の解説や説教、理論ではなく体験なのである、各自一人ひとりがいかにして神秘主義的一致体験をすることができるかということである。神を求める者が、いかにしてわれわれの実存という、この測りがたい秘儀への道を見いだしうるかが重要な関心事になっているのである。「神」という言葉が真に意味する事柄をわれわれが悟るのはこの一致体験においてのことだからである。

「キリスト教徒は遠からず近い将来〈神秘主義者〉になり、しかるべきことを体験するようになるだろう」とカール・ラーナーが語ったのは一九六六年頃のことである。当時、注目を集めたこの言葉の真意は正しく理解されず、多くの人々に疑問視されていたのであるが、しかしながら半世紀以上経過した今日、彼の予見的言葉は現実のものになっている。神秘主義的一致体験はただ特定の聖人や限られた一部エリートによる特殊な心霊体験として特別視されるような事柄が想定されているのではなく、神秘主義的体験はわれわれすべての人間が神秘主義的一致体験により人間実存の奥深くに見いだされるところの根源を体験すること、究極的実在に始原回帰することなのである。今日、キリスト教徒のみならずさまざまな霊性の道による体験に対して人々の関心は世界的に高まり、どのような道をいかに選択し、いかにして体験できるのかが広範囲にわたって探求されている。宗教に求められている本来的使命はこのような人々の期待にいかに応えるかということにある。

究極的実在である神性の無を体験することにより、ヨーロッパの宗教としてのキリスト教は世界化し、伝統的日本的霊性の根底である禅の「空」も世界化し、両者が魂の根底である無において根源的に出会うことになるだろう。

現代の新しい宗教的課題は根源的に人類全体を包括する宗教、将来新しい霊性に基づいた宗教宗派を超越する根源的世界的宗教を誕生させることにある。

これこそイェーガー師の提唱する宗教宗派を超越する宗教（trans-konfessionelle Religion）という考え方である。その誕生を実現するためには自己を無化する霊操、神秘的一致体験による神性の無の覚醒により究極的実在に生きることである。根源を生きることによってすべては出会うのである。宗教的環境がどうであっても神秘主義というものは全く同一であり、変わりはない、宗教の源泉だからである。宗教的伝統により分かれている一切の教義の相違を乗り越える伝統の克服は究極的実在の神秘主義的一致体験においてのみ可能である。神秘主義は異なる教義を説く諸宗教を源泉的に結びつける絆だからである。


神秘体験や神秘家はともすればいかがわしく、神秘主義は奇異な眼でみられがちではあるが、神秘主義的なものの見方は人間の本来あるべき根源的在り方を示すものである。人間は絶対的超越者との根源的一致を志向する存在だからである。ありふれた日常生活の個々の営みのなかには神の根源的活きがある。もし神の恵みに答えて、自らをささげて生きるならば、それを「日常生活の神秘」と呼ぶことができるだろう。程度の差はあるものの真に生きようと自己超越を目指す精神は人々のささやかな一般的日常生活においてもみられるのである。

また歴史を振り返れば、組織的に制度化された教団の活動が停滞し、改革が叫ばれ、存続が問われるような憂慮すべき深刻な事態に直面した際には、必ずと言えるほど神秘家たちが声を上げている。伝統的に正統を主張する勢力により異端視され、迫害をうけながらも怯むことなく事態を根源的に問いなおし、宗教本来のあるべき根源に立ち戻るよう叫び声を上げているのはいつの時代も神秘家たちである。現代においてもこのような現実の宗教事情は昔と全く変わっていない。人間は絶対的超越性を有し、根源に始原回帰する習性を有する神秘的存在だからである。いずれの宗教もその誕生の起原はそれぞれ神秘主義と称される特異な宗教体験に始まっている。神秘主義はあらゆる宗教の根底なのである。宗教の成立の基盤とされているのは普遍的視野に立脚する叡智、究極的実在、「神性の無」である。究極的至高の実在は三位一体の神を含むすべての観念化された神、顕現する一切の対象的神を超える彼方に位置づけされるのである。「神を超える彼方のものである究極的実在」は一切の哲学的思惟、神学的省察をすることのできる次元を超越する。顕現している一切の神の顕現以前の「神の本性」のことである。超越的神秘を超える根源的秘儀的次元である。これこそが宗教の根源であり、人間存在の基盤である。この次元への到達に求められるのは神秘的一致体験である。一致体験する境涯に到達した者に開かれるのは無私の愛である。万有を一つに結びつけるいのちの活きである普遍的愛である。この愛こそが真の出会いを生み出す唯一の道である。諸宗教は根源である究極的至高の実在である「神性の無」において出会い、愛によって源泉的に結びつくことができるだろう。

今日、誰もが一刻も早いコロナ禍の収束を祈るのは言うまでもないが、社会は経済の復興施策をなにより優先課題としている。社会構造、社会生活の在り方の変革、見直しが叫ばれてはいるものの、それは現実の日常生活の在り方のことであって、コロナ禍というパンデミックによるこのような人類生存の危機的状況に直面しても一般的には社会の在り方、人間存在の在り方そのものを根源的に顧み、問い直そうとする傾向はみられない。根源的いのちへの目覚めを積極的に促がす絶好の機会だと思われるが、そのような思想的傾向も主張も認められない。目前の経済復興、景気の回復上昇のみが優先的課題として叫ばれるのみである。人類の将来、人類の存在を根源的に問い直す絶好の機会だと思われるのだが、これ以上どのように人間存在が危機的状況にさらされなければ、人類は人間存在の根底である究極的実在、神性の無の活きである普遍的愛に目覚めることがないのだろうか。宇宙森羅万象の諸現象は明らかに数多くの生き物が生存の危機にさらされている自然環境、人類の存続も脅かされる地球規模の危機的状況にあることを無言のうちに警告している。いのちの尊厳、普遍的愛に基づく社会改革と平和共存、愛による一致と連帯が叫ばれているにもかかわらず、人類はなぜ真剣に積極的にこの声に対応できないのだろうか。時のしるしを読み取り、万有の嘆き悲しむ警告の声に傾聴する耳をもたないのだろうか。普遍的愛が欠如しているからである、愛による革命的変革が求められているのである。

ここで言う愛は人間相互の個人的レベルの愛のことではなく、自我中心的な考え方を超越する根源的な精神的結びつきによる普遍的愛である。それは無私の愛、神のいのちのことである。存在する一切のものが一体のものとして神秘的に結ばれる次元の愛である。神の根底は私の根底であり、私の根底は神の根底なのである。

イェーガー師は霊性の道により、観念と化している「神」を超える究極的実在、神性の無を体得させ、宗派を超えてすべての人が神のいのちである無私の愛（Kenosis）に目覚めて生きることを祈り、生涯そのために求道者たちに寄り添いながら共に霊性の道を歩み続けられた。根底である神と人間の根底との間には分け隔てるものは存在しない。真に人間として生きたかどうかという人生評価の核心はどれだけ神の愛を生きたかということにあるという。

イェーガー師は著書『愛について』（2009, Kösel-Verlag, München, S.136）のなかで自らの人生を振り返り次のような言葉を残している。

われわれが人生の終わりに
これが自分のものだと言えるものは

生涯どのような仕事を成したか、
その仕事の内容でもなければ成し遂げた業績でもない。
なによりもまず
生涯どれだけ愛を生きたか
自らを振り返り胸に手をあてて考えてみる必要がある。

イェーガー師と私がメールにより交信できたのは二〇一七年の夏の初め頃までのことである。その後体調を崩されてからはメールによる交信も途絶えがちになり、やがてイェーガー師自身に代わって事務局より返信が届くようになった。

ホルツキルヒェン・ベネディクツスホーフにおいて道友による手厚い看護のもとで養生されておられるとのことだったが、道友に見守られて師は二〇二〇年三月二〇日帰天された。コロナ禍による感染予防のためベネディクツスホーフでは葬儀は執り行われず、三月二四日ベネディクト会ミュンスターシュワルツアッハ修道院聖堂にて修道士のみが参列して葬儀ミサが執り行われ、その後、師の生前の遺志により修道士たちに見守られて、ベネディクト会ミュンスターシュワルツアッハ修道院墓地に静かに埋葬された。

二〇二一年三月のご命日にベネディクツスホーフにおいて追悼の集いが行われた。

師の生前のご活躍をここに偲びご厚情に深謝するとともに御霊魂の安息を心よりお祈り申し上げる次第である。

二〇二三年一〇月

鎌倉にて

八城　圀衛

訳者

八城　圀衛（やしろ　くにもり）

1931年、京都生まれ。上智大学大学院西洋文化研究科修士課程修了。
東邦大学名誉教授。
訳書
P. F. v. Siebold『日本』（共訳）、『日本図録』（共訳）雄松堂書店
B. Häring『キリストにおける性の解放』中央出版社
Willigis Jäger『禅キリスト教の道』、『東西の叡智』教友社
Willigis Jäger『W・イェーガー講話集』（I、II）教友社
Willigis Jäger『久遠の叡智』教友社

「神」の彼方

発行日………2024年3月4日 初版

著　者………ウィリギス・イェーガー
訳　者………八城 圀衛
発行者………阿部川直樹
発行所………有限会社 教友社
275-0017 千葉県習志野市藤崎6-15-14
TEL047 (403) 4818　FAX047 (403) 4819
URL http://www.kyoyusha.com
印刷所………モリモト印刷株式会社

ISBN978-4-911258-01-9　C3016

落丁・乱丁はお取り替えします